博 士 學 位 論 文

STUDY ON METHODS AND REALITIES OF PREACHING TO AGED IN KOREA CHURCH

한국교회 노년 전도방법과 실제연구

BIBLICAL International College
and
Graduate School

JIN SAM WOONG
진 삼 용

추 천 사

    간호사면허소지자인 진삼웅목사님(당시 전도사님)의 도움을 받으면서 나는 1990년 5월 중계지구에서 의료선교를 시작했다. 그로부터 14년 동안 소외되고 병들고 가난한 이웃들과 기쁨, 슬픔, 아픔을 같이 하고 일하고 있으며 이 복지사업의 대상은 현실적으로 거의 모두 노인층이다. 우리나라도 최근 노인 인구의 증가로 급속하게 노령화사회로 치닫고 있다.

    우리 두 사람은 삶에 지친 어르신들을 만나고 대화를 나누며 고충을 들어드리는 일을 계속하고 있다.

    한달에 두 번씩 순회왕진이 있던 어느 날 목사님과 나는 어느 임대 아파트에 들어가 10층 환자를 보고 1층까지 내려와 보니 많은 사람이 웅성거리고 구급차가 와 있었는데 불과 15분 사이에 15층 옥상에서 삶에 지친 사람의 투신 자살 사건이 있었다. 이것이 죽지 못해 살고 있는 사람들의 현실이다.

    진목사님은 이사업이 계기가 되어 노인 복지에 대한 경험을 얻고 사명도 받으신 줄로 알고 있다. 노인들의 육신과 마음을 편안하고 기쁘게 만들어 드리는 것이야 말로 노인선교의 기조가 될 것이며 이것을 이루기 위한 방법, 계획, 정책, 조직 등에 대한 연구와 관심도 뒤따라야할 것이다.

    나는 많은 목사님과 교분을 쌓고 있지만 진 목사님과 같은 순진, 진실, 정직한 분을 만나본 일이 없다. 황량한 이 지역에 교회를 개척하고 10년동안 단 한푼의 교회보수도 받아본 일이 없이 오직 사명에만 성실한 목사님의 모습을 볼 때 존경스럽기도 하고 애처롭기조차 하다.

    한국기독교사회에 있어 노년선교의 지평을 열기 시작한 이분이야말로 노인복지를 위해서 하나님께서 특별히 택하신 주님의 종으로 나는 믿는다.

    중계지역의 영세노인들의 삶의 기록을 논문에 담아 이것을 완성시킨 목사님의 노고를 치하드린다.

2004. 10

은명내과원장 김경희 

감사의 글

　먼저 이 글을 쓰게 해 주신 하나님 아버지께 영광을 돌립니다. 주님의 전도명령을 부여받은 오늘날의 교회나 성도들에게서 전도의 사명을 다한다는 것처럼 영광스런 특권은 없을 것입니다다만, 그러한 전도의 시급성에 비해서 가장 방관시하는 전도계층은 노년 전도라는 점은 아이러니칼 하기만 합니다.

　그런데 그 이유는 임종을 맞이할 저들에게서는 시간도, 물질도 특히 건강뿐 아니라 앞날까지도 희망의 빛이 보이질 않는다는 인식 때문이라는 것입니다. 그러나, 그럴수록 애착심을 갖고 분명하고 확신에 찬 노년전도에 있어서의 제방법 개발은 물론 다방면으로 대처해야할 때라고 생각합니다. 이런 점에 착안하여 충분하지 못한 자료들을 제시하는 송구함을 뒤로 한 채 감히 본 논문을 졸고로 바칩니다.

　앞으로 보다 나은 논문들이 속출될 것으로 믿어지면서 지도하여 주신 김득룡 교수님과 D.Min과정을 위하여 훌륭한 강의를 통해 많은 지식을 더해주신 Joseph LoMusio교수님, Danniel Goldberg 교수님과 본 논고에 직·간접적으로 성실한 조언을 아끼지 않으셨던 정명기 목사님·조현삼 목사님·서구석 목사님, 이원종 집사님을 비롯하여 언제나 학교행정에 심혈을 기울이시는 신세원 목사님, 이충선 목사님과 D.Min동료학도들이신 이승유·김윤규·한치호·윤승준·이성진 목사님들과 저의 소속의 경기노회와 동부 시찰회원 목사님들·목양회와 8교회 연합회의 회원목사님들과 현대교회 성도 여러분들 그리고 묵묵히 15년간 물심양면으로 도와주신 김경희 은명내과 원장님 내외분을 비롯한 이성복치과·김창규내과·유의석한방과원장님들과 정동제일교회 조영준 목사님과 성도님들과 마지막으로 총회부흥사회·한국간협회·대한노인회 노원지회·경찰mission신문사와 나의 삶의 터전인 은명마을 공동체와 세계교회부흥연구소 등에 또한 뒤에서 남모르게 기도해 주신 많은 성도님들께는 앞으로 꾸준히 정진할 것을 약속드리면서 이 같은 일을 섭리 주관하신 하나님 아버지께 세세토록 감사 찬미를 드립니다.

2003년 4월 1일 새 아침에

진 삼 웅 배상

제5장 노년 전도와 교회성장 사례연구

제6장 결론

제 1 장 서 론

제 1 절 연구의 목적

한국교회가 놀라운 속도로 성장을 하다가 근래에 와서 성장 속도가 둔화되자 새로운 성장의 모델을 찾아야 한다는 논의들이 일어나고 있으며[1], 전도와 양육을 통해서 새로운 시도를 해야 할 것을 강조하고 있다.[2]

그 예로 1980년대 초기 이전의 성장률에 비하면 최근 1990년대에 들어와 한국교회의 성장이 둔화된 것을 보여주고 있는데, 60년대 16%라는 폭발적 성장에 이어, 1970년대 8%, 1980년대에 7%라는 비교적 높은 성장에 비해 1990년대에는 3%라는 성장의 둔화 현상이 계속 되고 있는 것이다.[3]

대체로 전세계적인 노인문제는 19세기 후반에 있은 산업화가 가속 되었고 인구이동, 핵가족화 등이 심화되기 시작했기 때문에 나타났고, 우리나라 노인들에게도 서구사회에서 제기되는 노인문제의 유형과 비슷한 징조들이 1960년대 이후부터 점차 나타났음을 알 수 있다.[4]

더구나 한국의 전통적인 신앙인 샤머니즘 불교, 유교는 노인들에게 궁극적인 희망을 주지 못하고 있는 형편일 뿐만 아니라 고령화 시대에 접어들고 있는 한국의 현실에 맞추어 교회에서도 과거 부분적이거나 미진했던 데에서 더욱 적극적이고 체계 있는 노년 전도를 실시해 나가야 할 것은 물론이고 지 교회, 시찰, 노회, 총회 각 교단과 한국교회 전체가 사정에 알맞은 프로그램을 계발하여 실시할 수 있어야 한다.[5]

---

1) 월간목회, 1992년 10월호의 특집대담주제는 "한국교회, 새로운 성장의 모델을 찾자"인데, 11년이 지난 오늘날에도 교회성장을 모색하자는 반성하는 소리가 계속 이어져 오고 있다.
2) 정정숙, 기독교상담학, (서울:베다니 출판사, 1992), p.453
3) 한국교회 성장둔화 분석과 대책, (서울:숭실대학출판부편, 1998), pp.5-6
4) 박재간·임춘식, 한국노인의 생활과 의식구조에 관한 실태조사, 노인문제 연구 보고서 제5집, (서울:한국노인문제연구소, 1983), pp.1-2

이러한 상황에서 노인들에게 그리스도의 복음을 전파해야 하는 오늘의 시대적 사명을 어떻게 감당할 것이며, 이것을 구체화하기 위한 방안이 무엇인지 깊이 연구할 필요가 있다.

그러므로 본 논문은 한국교회의 노인전도와 방법과 실제를 연구하기 위해서 전도에 대한 성경적 이해와 관계, 그리고 전도를 통한 변화를 고찰하려는 데에 그 이의 제기와 목적을 두고 있다.

제 2 절 연구의 범위와 방법

Ⅰ. 상황과 도전 (The situation and Challenge)

A. 지역 상황

서울시 노원구 중계본동은 배삿골 마을로 불리 운다. 배삿골 마을은 불암산을 경계로 경기도 남양주시와 구리시, 그리고 의정부시 등에서 역사의 배경을 같이하고 있다.

한강 북편지역의 옛 고구려라는 '구리'와 자연의 수려함과 그 유명한 신고배와 먹골배의 산지로 알려져 오고 있고 지금껏 한강 유역의 타 지역에 비해 자연 녹지대로 둘러 쌓여있는 개발제한구역으로서 알려져 왔다.

대개 지주를 중심으로 옛부터 살던 원주민이거나 교육적으로 중하류층에 속하였다.

그러나 1992년부터 서울시 인구분산 정책의 일환으로 이곳 중계본동 배삿골과 일부 산간지역을 제외한 소위 은행마을 주변에는 아파트 조성 붐에 따른 크고 작은 아파트단지, 오피스텔, 학원가와 은행사거리 등 번화한 지역으로 재편되었지만 부익부 빈익빈의 노인 인구가 이곳 배삿골과 산간지역에 급격히 증가하였다.

경쟁사회 속의 맞벌이부부들은 노부모를 자연적으로 이곳에 거주하게 하였고

---

5) 박양조, 노인목회의 방향모색, (서울:장로회신학대학신학대학원 석사학위 논문, 1984) ,p.3

따라서 외롭고 쓸쓸하게 살아가는 노년층을 대상으로 하는 우리 교회는 보다 못해 저 많은 노인들의 영혼구원사역에 사활을 걸지 않을 수 없게 되었다.

B. 교회 상황

현대교회는 1990년부터 15년간 무의촌 지역의 이곳 배삿골을 정점으로 삼아 무료 진료와 무료 심부름 봉사를 중점적으로 전개해 오고 있다. 장기환자와 빈민층의 노인들에 대한 목회활동에 큰 장애 요소는 극빈 노인들의 문제에 많은 반대가 뒤따른 점과 재정의 과다 지출에 따른 무보수 사역과 구제업무 증가, 그리고 전문 교역자의 부족수에 비해 실질적이고 전문성을 요하는 업무량의 폭주, 더구나 협소한 시설 공간과 교회내각기관의 협조 체계가 이루어지지 못하는 점 등 많은 장애요소가 속출했다.

C. 도전

이전 몇 가지 열거한 장애문제를 극복하는 방법으로는 하나님의 복음은 반드시 승리와 정복을 이루신다는 확신과 제자화 된 성도들과 함께 기도하는 것, 이해와 설득과 눈물어린 인내뿐만 아니라 설교와 교육 그리고 상담을 통해서 섬김의 도리를 대해 갈 때에 지금의 교회로 활성화되고 생명력이 움터 가는 모습을 볼 수 있게 되었다.

위에 열거한 여러 장애 요소나 이런 도전에 대한 전도의 신학과 노인전도에 대한 질문을 받게 된다. 오늘날 한국교회의 전도학은 아직도 전도의 신학으로 학문적 성장은 못했으며 다만 전도의 방법과 기술정도에만 그치는 실천신학 중의 한 과목으로 그것도 변두리의 학문으로 밀려났으나 전도학은 평신도 신학이나 교회 성장학, 선교학과 함께 사실에 있어 크게 부각되고 있기에 새로운 이해와 학문적인 정립이 요청된다[6]고 볼 수 있다.

---

6) 정성구, 실천신학개론, (서울:총신대학출판부, 1980), pp.175-176

　다만 전도가 정당한 신학적인 바탕없이 자연주의적이고 심리학적인 것 또는 분석과학적인 것이 전도의 방법론으로 그대로 도입되어 오늘날 교회에 있어서 가장 큰 문제로 부각되고 있다는[7] 점을 삼았다.

　그러므로 오늘날 대부분의 전도운동이 인간중심적이라는[8] 점을 경계하며 전도는 결코 교회확장이나 교파 확장이 아니고, 다른 신앙을 가진 자와 혼합주의는 더욱 안되며[9] 성경적이고 학문적인 체계가 있는 하나님의 명령을 수반한 지상 최대과제라는 점을 분명하게 나타낼 필요가 있었다.

---

7) Ibid., p.175
8) R.B.Kuiper, God-Centered Evangelism. (Grand Rapids, 1975), p.8
9) op.,p.188

제 2 장 한국 교회의 노년전도에 관한 제문제

제 1 절 초기의 노년전도

한국교회는 19세기 후반부터 외국 선교사들의 선교활동을 통해 사회복지사업을 시작한 이래 초창기 한국교회의 사회봉사활동은 의료사업과 교육사업에 적극적이었다. 구한말과 일제시대에는 교회가 계몽운동과 애국운동에 적극 관여함으로써 사회운동차원의 활동을 전개하였다. 전후에는 외국원조와 함께 구호사업을 활발히 전개하였으며, 이때부터 전쟁미망인과 고아들을 위한 전문사업기관들이 생겨나기 시작하였다. 한국교회는 이러한 일련의 사회복지사업들을 전도사업의 일환으로 간접적으로 촉진하여 교회의 성장에 기여한 것으로 평가되고 있다.[10]

또한 한국교회의 사적 전통에 나타나는 초기 한국교회의 사회복지는 한국교회에 첫 선교사로 내한한 언더우드의 고아원 설치에서 찾아볼 수 있다. 이렇게 기독교가 처음 한국에 들어 왔을 때는 선교사들이 한국의 낙후된 문명을 고양시키기 위하여 교육, 의료 등 사회계몽운동을 전개하여 한국인의 의식 개혁과 근대화를 위하여 노력하였다. 그러나 1920-30년대에 들어와서는 선교사 주도가 아닌 한국교회의 지도자들을 중심으로 사회계몽운동이 전개되었는데 이는 애국충정에 입각해서 이루어진 면이 강했다.

넓은 의미에서 사회봉사 운동은 1885년 광혜원 설립이라든가 1903년 평양 맹인학교 설립, 1909년 부산 나환자 수용소 등을 들 수 있다. 특히 감리교회에서 1922년에 발표한 사회적 신경에 "가정의 신성, 아동의 보호, 금주운동 그리고 여자노동, 빈궁예방, 노동자들을 위험에서부터 보호, 노후복지문제, 노동시간의 합리화와 휴식, 임금의 생활수준보장" 등을 지침으로 내세운다.

뿐만 아니라 1925년 예수교 연합공의회 안에 사회부를 설치하기로 결의하여 구

---

10) 박영호, 기독교와 사회사업, (서울:예수교문서선교회, 1979), pp.22-48

제사업의 연합적 실행을 촉구하고 있다. 1950년 6월 25일 동족 사이의 전쟁은 국토 뿐만 아니라 인간과 인간 사이도 철저하게 비인간화 시켰다. 전쟁으로 인한 많은 피해가 있었지만 제일 큰 문제가 전쟁고아문제와 부양능력 없는 노인문제였다. 6.25이후 한국 땅에는 양로원이라는 노인 시설이 열악하게 생겨나서 갈 곳 없는 노인들을 수용하게 된다.[11]

제 2 절 오늘날의 노년전도

노인복지 측면에서 다루고 있는 기록은 많은 반면 특별히 한국 교회 노년전도에 대한 기록물이 적은 것은 사실이다.[12] 새롭게 해가면서 노년 전도의 방법을 강구하는 것은 교회의 사회적 기능과 목회적 기능 그리고 선교적 차원에서 매우 의미있는 일이 아닐 수 없다. 노년 전도의 활성화는 노년층에 계신 분들의 잠재능력을 최대한 발휘할 수 있는 조건을 형성해서 영성 판단력을 통한 자기 정체성을 갖게끔 하며, 소원한 이웃과의 관계 회복으로 친밀하고도 안정된 노후생활을 하게 해주며 노인들에게 그리스도의 사랑과 관심과 공경심을 표현할 때 자신들의 환경 가운데 봉사할 수 있는 재생산력을 발휘할 수 있기에 교회에서 마련한 노년 전도프로그램이 시급하며, 자신들에게 엄습하는 죽음의 두려움을 극복하고 영생의 소망을 가지도록 신앙을 확립하는데 있어서의 필수적인 과정이라고 여겨진다.

민은옥은 그의 논문에서 "교회의 노인에 대한 관심과 투자는 결국 모든 교인들에게 돌아갈 책임이기에 노인세대만을 위한 투자라고 볼 수 없다. 따라서 누구나 교회의 노인세대 프로그램을 보면서 자신의 미래를 설계할 것이며, 노인을 위한 프로그램이 충실한 교회는 미래의 노인이 될 젊은 세대들에게 심리적 안정감을 제공할 수 있다는 것을 간과해서는 안된다."[13] 고 주장했다.

---

11) 김일재, op.cit., pp.14-15
12) 유준기(총신대교수) · 김남식(한국선교상담연구원장) · 황성철(총신대교수)등의 2003학년도 비브리칼 D.Min
   과정 봄학기 강의중 문답

　　그러므로 노년 전도에 있어서도 교회 모든 구성원의 노년 전도에 대한 인식의 전환은 물론 다양한 교육활동을 통해서 교회 전구성원의 관심과 참여도를 키워야 할 것이다. 특히 노년 전도를 위한 전문기구를 설립, 다양한 전도 프로그램을 계속 운영할 수 있는 환경개선이 필요하고 노인 전도를 효과적으로 다룰 줄 아는 전문가들이 양성되어야 마땅하다. 그래서 끊임없이 노년 전도에의 열정과 함께 다양한 연구개발에 힘쓰는 반면에 교회를 노년 전도의 산실로 활용하도록 해야 하는 것이다.

---

13) 민은옥, Astudy dr useful plan of Church Resourses for Welfair Program the Low-Income Old-age, (서울:성결대학사회개발대학원 석사논문, 1998), p.37

제 3 장 노년전도에 대한 신학적 전제

필자는 본 연구항목에서 전도학에 대한 성경적 고찰과 노년 전도의 원리와 실제 그리고 노년 전도의 사회적 배경을 살피고 노년전도의 신학적인 고찰을 하고자 한다.

제 1 절 노년전도에 대한 성경적 고찰

이미 신약성경에서 전도($\varepsilon\dot{v}\alpha\gamma\gamma\varepsilon\lambda\iota\xi\omega$, $\varepsilon\dot{v}\alpha\gamma\gamma\varepsilon\lambda\iota o\nu$) 는 메시야 이신 예수의 나심과 그의 생애와 죽으심과 부활을 선포하는 것으로[14] $\varepsilon\dot{v}\alpha\gamma\gamma\varepsilon\lambda\iota\xi\omega$는 구약에 이미 나타나 있는 구원의 선포이며(사52:7, 사61:1, 사40:9, 사41:27, 시40:10, 시96:2)복음의 ε $\dot{v}\alpha\gamma\gamma\varepsilon\lambda\iota o\nu$이란 명사는 신약에 72번 나오는데 그 중에서 바울서신에 54번 나온다. 이 단어는 복음전도 속에서 전파되는 복음의 진리를 교훈하고 있다. 왓슨(David watson)[15]은 이 단어가 가지는 의미를 ①하나님의 나라에 대한 복음(마 4:23;9:35;24:14), ②하나님의 복음(막1:14, 고후4:4;9:13;8,9), ③예수그리스도의 복음(막1:1; 고후4:4;9:13;10:14), ④개인적으로 적용되어야 하는 복음(고후4:3; 살 전1:5;살후2:14), ⑤모든 인간을 위한 복음(막 13:10; 16:15; 행15:7)으로 요약하고 있고[16] 전도는 그 자체가 근거를 두는 것이 아니고 전도의 바탕은 바로 예수그리스 도의 복음이며, 하나님의 말씀인 성경이다. 그러므로 복음과 별개의 것으로 생각해서는 안 되는 전도에 있어서의 목적은 복음을 증거 해서 사람들로 하여금 의인(義認)과 중생(重生)에 이르도록 예수 그리스도를 믿는 믿음의 결단을 촉구하는데 있다. 초대 교회의 사도들의 전도 내용은 바로 예수의 삶과 죽음과 부활을 증거함에 있어서 낭만주의적인 행동이나 단순히 사람의 말과 지혜로 되어지는 것이 아니고

---

14) J.VerKuyl, Inleiding in de Evanglisti다, (Kampen:J.H.KoK, 1978), pp.15-16
15) David Watson, 나는 복음전도를 믿는다, (박영호역, 서울:기독교문서선교회, 1980), pp.41-44
16) 정정숙, 기독교상담학, (서울:도서출판 베다니, 2002), p.456

그리스도의 고난에 동참하게 하신 성령의 역사로 말미암아 이루어졌다.[17]

이에 비추어 볼 때 전도는 적어도 인간의 계획에 의한 사업이 아니라 처음부터 하나님의 목적이 이루어질 때까지 계속되어야 할 하나님의 사업이었다.[18] 오늘날 인간중심(man-centered) 의 전도방법에서 무오의 하나님의 말씀에 근거를 둔 하나님 중심적 전도로 전환하기 위해서는 어느 신학 못지않게 학문적 성장을 가져와야 할 것이다.

$\delta\iota\delta\alpha\sigma\kappa\acute{\omega}$(가르치는 것)과 $\mu\acute{\alpha}\rho Tvs$(증거 하는 것)과 $\mu\alpha\theta\eta T\acute{\eta}s$(제자 삼는 것)과 $\kappa\eta\rho\acute{\upsilon}\sigma\alpha\omega$(예고하다)[19]의 의미가 있는 복음전도는 전도신학(A Theology of Evangelism)으로서 맥을 같이한다고 볼 수 있다. 만약 전도신학의 근거가 잘못된다면 그 전도는 결국 인본주의적 전도운동에 불과할 것이다. 전도는 영혼 구원을 통해서 그리스도의 지체(支體)가 된 교회를 성장시키며 완전케 하는데 이바지하고 있다. 한걸음 더 나아가서 복음전도는 그리스도의 교회를 확장시킴으로써 인간역사 전반에 걸친 모든 영역(every domain of human life)에 그리스도의 왕권을 인식시키는 역할을 하게 된다. 즉 과학과 예술, 교육과 문화 창달, 노동과 산업, 정치 경제의 모든 분야에서 그리스도가 왕됨을 전파 하는 것은 더 큰 차원에서 영광스런 복음전도의 목표이다.

그러므로 복음전도의 최상의 목표는 바로 하나님의 영광이며 우리의 믿음의 근원($\acute{\alpha}\rho\chi\eta\gamma\acute{o}v$)이며 믿음의 완성자($T\epsilon\lambda\epsilon\iota\omega t\acute{\eta}v$) 이신 예수 그리스도가 전도의 내용과 주제이며[20] 성경적 근거를 갖게 된다.

이상 열거한대로 전도의 성경적 근거, 오늘날 잘못 인식되어온 전도운동의 문제점과 그 해결적 모색을 위함에서 역사적이고 신학적인 고찰 및 사례연구와 비교를

---

17) 정성구, op.cit.,p.180
18) 조동진 편저, 목회학대사전, (서울:성서교재간행사, 1984), p.254
19) "예수께서 온 갈릴리에 두루다니사 저희 회당에서 가르치시고 천국복음을 전파하시며……(마4:23)뜻은 물론"예고하다"는 의미를 갖지만 이것은 임금의 전령자를 가르키는 말로서 다가올 일에 대한 선포이다.(정성구,Ibid.,p.180참고)
20) 정성구, op.cit.,pp.175-185

통하여 현대사회에 시대적 사명을 완수하는 한국교회 노년전도 방법과 실제적 운영방안을 마련해 보고자 한다.

앞글에서 본대로 성경은 전도에 대한 확실한 근거를 마련해 주고도 요3:16에서 밝혀주듯 누구든지 하나님의 구원계획 속에 포함되어 있음을 강조한다. 특히 구약에서는 노년에 대한 구절이 250여 (Climent, 1981:21)곳이나 되며 히브리어에서 Zagan이라는 말은 "수염이 나있다", "나이들은 사람"이라는 의미가 있다. (창 18:12-13,19:31) "수염이 나있는 사람"(삿19:16-22, 삼상 28:14), "늙은 사람"(창 44:22)은 바로 노인을 칭한다. (삿 8:32, 호7:9) Yases 는 "나이든", "노쇠한"(욥 15:10, 대하 36:17)을 의미하며 "나이 들어 존경할 만한", "덕망 있는 사람"(욥 12:12)이라는 뜻으로 노인을 공경의 대상으로 삼아야 할 것을 의미하고 있다. 신약에서 geron은 "자녀출산이 불가능한 늙은이"(요3:4), gepas는 "늙은 나이"(눅 1:36), poresbudes는 "늙은이", "연장자"(눅 1:18, 딛 2:2, 몬 1:9)란 뜻으로 자녀 생산의 능력이 없는 생리적 노령과 연령적으로 연장자를 말한다.[21]

이처럼 성경은 "노인을 공경하고 너 낳은 어미를 기쁘게 하라"(잠 19:32)고 하며 장수의 축복(창15:15 ; 출 20:12), 지혜의 상징(욥15:10, 신32:7)으로 공경하라고 명령한다. 또한 노인을 지혜로 표현한다. (신 22:7, 왕상 12:6-8), 그리고 노인은 기쁨과 축복이 있었다. (잠 16:31, 20:29) 히브리 사회에서는 노인의 위치는 하나님의 뜻을 전달하는 중보자의 역할을 하는 사람으로 나타냈다. 노인은 자녀를 축복하는 자이기도 하다.(창 47:29,49:33) 노인은 결코 고통이나 소외의 시기가 아닌 축복과 기쁨을 나타내는 귀한 위치로 정하고 있다. 구약 여러 곳에서의 노인은 지도적, 영적 특성의 소유자임과 동시에 미래적 영안이 있고 인격적 성숙과 영적 성숙의 시기임을 말해준다.[22]

신약적 이해는 노인을 주의 진리를 가르쳐야 할 특권과 사명을 가진 것으로 나

---

21) 김일재, 노인목회를 통한 교회활성화 방안, (미국:McCormick Theological Seminary 목회학박사학위 논문, 2000), p.10
22) Ibid., p.12

타낸다.(눅 1:25-39) 부모를 공경하라(엡 6:1-4)고 말씀하면서 부모와 자녀 관계를 말하고 딛 2:4-5에서 늙은 여자들은 젊은 여자들을 훈계하라고 하여 교육적 사명을 말한다. 딤전 5:4에서는 연소자들이 노인을 공경하고 늙은 과부를 경대하라 (딤전 5:1-9)고 교훈한다. 노인은 육체적으로는 쇠퇴하여가지만 체험과 인생경륜과 영적인 면에서 성숙함에 이르는 시기인 것이다. 그러기에 초대교회에서는 장로와 감독의 직분을 노인들에게 맡겨 사람들의 사표가 되게 하였다[23]는 것을 알 수 있고 노아, 아브라함, 모세 이외에도 신구약의 많은 지도자와 교회 중진들은 노장급에 해당되는 경우가 계속될 수 있다는 점에서도 노년층에게 거는 전파사역의 기대는 매우 고무적이라 할 수 있다. 연로한 이들에게 복음을 전하는 일은 노인들이 젊은 이들보다 더 성공적으로 해낼 것은[24] 물론 노년전도는 교회의 성장에 깊은 영향을 준다는 사실을 성경은 교훈하고 있다. (레19:32, 사46:4, 슥8:4, 시72:7-9, 시73:18, 약2:17, 딤전 5:3-10) 성경은 명백히 연약한 노인들을 공경하며, 돌보아 줄 것을 명령하고 있다. 대하10:에서의 르호보암처럼 노인들을 배척한 결과 이스라엘 왕국의 분열과 쇠퇴기를 맞이하기보다는 현대의 노인세대를 단지 죽음을 기다리고 있는 세대, 저절로 흘러가 버리는 세대로 여겨서는 안되며 교회의 육체적, 정서적, 사회 문화적, 영적 돌봄은 성경의 명령에의 순종하는 길로 여겨져야 할 것이다.[25]

제 2 절 노년전도의 역사적 고찰

다른 세대들과 마찬가지로 노인들도 그리스도를 알 필요가 있으므로 교회는 노인들에게 특별히 유익한 갖가지 프로그램들을 제공함으로써 그들과 접촉[26]하되, 기독교인이 하는 모든 것은 전도라는 식의 안일하고 광범위한 소극적인 자세를 버리

---

23) op. cit., p.15
24) J.M.Terry, 전도하는 교회가 성장한다, (김태곤 역, 서울:생명의 말씀사, 2000), p.196
25) 배호진, 노인목회의 필요성과 교회적 실천방안에 관한 연구, (서울:총신대학교대학원 석사학위논문, 2002), pp.96-97

고 죄인이 예수 그리스도와 만나도록 해 주며[26] 예수님의 권세와 능력을 받음으로써 예수님 자신의 방법으로 노년전도를 이루어야 한다. (막6:7, 마10:1, 10:40, 눅 9:1, 요13:20) 민수기 11장 16절부터 17절의 말씀을 살펴보면 "여호와께서 모세에게 이르시되 이스라엘 노인중 백성의 장로와 유사되는 줄을 네가 아는자 70인을 모아 데리고 회막 내 앞에 이르러 거기서 너와 함께 서게 하라 내가 강림하여 거기서 너와 말하고 네게 임한 신을 그들에게도 임하게 하리니 그들이 너와 함께 백성의 짐을 담당하고 너 혼자 지지 아니하리라."(민 11:16-17)

이제부터 살펴보게 될 노년전도의 역사적 배경을 위 글에서 본다면, 모세의 장인 르우엘 제사장에게 천부장 · 백부장 · 오십부장 그리고 십부장을 선정하여 이스라엘 온 족속의 사건을 먼저 전담 하게한 후 재차 보고받고 재판할 것을 지도 받은 바 되었던 (출18:13-27) 모세를 부르신 하나님께서는 본문에서도 노인 중 백성의 장로와 유사되는 줄을 아는 자 70인을 동역자들로 두시어 모세와 함께 이스라엘 백성들의 많은 문제들을 분담하게 하셨다.(민11:24-30) 마 28:20에서 주님은 '모든 족속'을 대상삼아 '제자'로 두어야 할 것과 '세례를' 주고 '분부한 모든 것'을 '가르쳐 지키게 하라'고 말씀하셨다. '세상 끝날까지 너희와 항상 함께 있으리라'고 하신 점 등에서 함축된 뜻은 먼저 '모든 족속'에는 노인들도 포함하여 '제자삼고 세례를 주라' 하신 것은 그들을 전도할 것을 분명 암시하신 것이고 '세상 끝날까지 너희와 항상 함께 하시리라' 는 말씀을 통해서는 하나님의 부르심을 받은 무리는 모두 주님의 기쁨의 대상으로 남게 될 것임을 분명히 하셨다. 따라서 노년전도의 역사적 관점은 영원 전부터 이미 복음전도를 계획하셨고 성자 하나님으로 하여금 저주받은 십자가 위에서 대속적인 죽음을 죽게 하시고 성자의 완전한 순종의 보상으로 죄인들에게 영생을 주는 구원을 실행하도록 계획하셨던[28] 때부터 되어진 것이다. 특히 성자 하나님도 전도의 창시자이시다. 본래 하나님과 동등된 분이셨지만 율법의 저

---

26) J.M.Teery, op.cit., p.195
27) 정성구, op.cit., p.180
28) 최정성, 전도훈련핸드북, (서울:도서출판애향, 2001), p.25

주로부터 우리 인간을 속죄하는 구원의 사역을 위한 성부의 부르심에 순종하기 위
해 인간으로 이 땅에 와서 십자가를 지심으로 세상 죄를 지고 가는 하나님의 어린
양으로써 친히 복음전도의 시도자이자 창조자가 되셨음을[29] 성경 여러곳에서 찾아
볼 수 있다. (빌2:6, 2:8) 오순절에 성령 하나님은 무지하고 연약한 무리들에게 그
들의 주 되시는 그리스도를 위해 세계를 정복할 위대한 사명을 이행할수 있도록 권
능을 베풀어 주셨고, 침체되어 있던 교회는 증거하는 교회가 되었고 비겁한 베드로
는 담대한 설교자가 되었으며 모든 제자들이 주님의 말씀을 선포하는 전도자가 되
게 하셨다.[30] 따라서 성령님의 임재하심으로 복음전도가 되어진다. (행1:8, 행2:4,
고전12:3, 슥4:6)

이처럼 성령 하나님은 전도자들에게 그들이 해야 할 바를 알리시고 그들에게 그
사역을 감당할 수 있도록 인도하셨기에 성도들은 모든 일에 있어서 성령의 힘을 의
지해야 한다. 이와 같이 성부, 성자, 성령 삼위 하나님께서는 구원의 창시자이시며
구원의 복음의 창시자이실 뿐 아니라 진정 전도의 창시자이시다.[31] 따라서 복음전
도의 시작과 결과를 이루시고자 영원 전부터 계획하셨던 일을 예수 그리스도로 과
정을 이루셨고 우리 모든 성도들에게 충성하도록 맡겨 주신 과제이다. 모든 족속에
해당하는 이땅 위의 사람들 중에서 가장 소홀하게 취급되기 쉬운 노년들에 대한 전
도는 복음전파의 시급성측면에서 비춰볼 때 현시대적인 최대 과제가 아닐 수 없다.
모든 전도가 그렇듯이 노년전도도 창세 전 선택(엡1:4) 하신 하나님의 계획이 창조
이후 그리스도의 재림 때까지 이루어지는 하나님의 작정된 섭리의 역사라 할 수 있
고[32] 하나님께서 가장 먼저 모범을 보여 주셨던 전도는 아담과 하와가 타락하고(금
단의 열매를 먹은 후) 두려워 숨어 있을 때 찾아가 짐승의 가죽으로 그들의 허물을
가려 주신 사건에서부터이다.[33] 이러한 이유에서 노년전도의 대상자들은 불신자뿐

---

29) Ibid, p.26
30) 최정성, op.cit., pp.26-27
31) 최정성, op.cit., p.27
32) 방용구, 이렇게 전도할 수 있다면, (서울:도서출판잠언, 1996), p.93

만 아니라 믿다가 타락한 사람도 포함시키게 되는 것이다. 하나님께서는 이스라엘 백성에게 신앙과 삶의 질서와 축복을 위하여 시내산에서 두 돌판 의 십계명을 주셨는데(출20:1-7), 그 첫 번째의 인간에 대한 계명은 "네 부모를 공경하라"는 것이다.(엡6:1-3) 여기 부모란 말은 부모만 지칭하는 것이 아니고 모든 노인을 포함한다.[34] 이러한 고금의 시대적인 하나님의 명령을 부여잡고서 노년전도의 그 방법과 실제적 연구 개발을 위한 교회적인 사명감당이 무엇보다도 시급한 것이다. 왜냐하면 인간의 노령화 문제는 어느 개인, 사회, 국가 차원의 문제만이 아니라 지구 전체의 문제로 부각되어있고 1999년을 「세계 노인의 해」(International Year of Older Persons)로 정한바와 같이 2000년대의 본격적인 고령화 사회를 대비하여 산업화, 도시화, 핵가족화로 특징지어지는 현대사회에서 노인 문제는 심각한 사회문제로 대두되고 있고 인구 구조의 급속한 고령화에 따른 사회구조적 변화와 관련하여 노인의 생활 그 자체는 물론 노인을 둘러싼 사회적 환경도 노년전도에 있어서는 큰 변화를 예고하고 있다.

더구나 앞으로 노년인구의 급증으로 인하여 교회의 노년전도 대책이 절실하게 요청된다.

오늘날 선진국에서는 65세 이상의 노인 인구가 10%를 넘어 20%에 이르는 초고령 사회로 진입하고 있으며, 그에 따른 다양한 사회문제가 대두되었기에 우리나라에서도 1960년대 초기부터 본격화되기 시작한 현대산업화 과정에서 초래된 도시화, 핵가족화 그리고 전통적 노인부양 의식의 약화 등 사회구조적 변화로 인하여 1970년대 이후부터 노인문제가 사회적 관심영역으로 점차 대두되고 있다. 우리나라의 65세이상 노년인구는 2000년 7월1일 현재 3,371,000명으로 전체 인구(남한 인구는 2000년 7월1일 기준으로 47,275,000명에서 차지하는 비율은 7.1%로서 고령화 사회(Aging Society)에진입할 것이 확실시 되고 있다. 2000년 현재 만해도

---

33) Ibid, p.92
34) 호태석, 교회와 노인복지, (서울:갈릴리 도서출판, 2002), p.24

부양연령층 (16~64세) 100명이 부양해야 하는 노년 부양층은 10명이지만, 2030년 에는 30명으로 증가할 전망이다.[35] 한국의 ' 96한국 사회 지표(통계청자료)에 의하면 65세 이상 노인의 약 55%가 월평균 소득이 20만원에도 미치지 못하고, 수입원의 대부분을 자녀에 의존하는 등 경제적으로 어려운 생활을 유지하고 있고, 전체 노인의 47%인 150만명이 노후를 준비하지 못하고 있으며, 한국보건사회연구원의 「1995년도 한국인의 건강과 의료 이용실태」 조사자료에 의하면 노인의 약 87%가 치매, 중풍 등 각종 만성질환을 앓고 있으며, 노인의 3.5%가 독립적인 일상생활이 불가능한 것으로 나와있다. 보건복지부의 「21세기 고령사회를 대비한 노인보건복지 중·장기 발전계획」 (1999.1.27)에 의하면 노인교실 이용률이 7%이고, 노인복지회관 이용률이 2.5%밖에 되지 않고 있는 등 사회나 가정으로부터 역할상실에 따른 소외감, 고독감으로 노인들의 사회참여와 여가에 대한 욕구가 증대하고 있지만 이를 충족시킬 수 있는 여건이 미흡하고, 각종 여가시설이나 프로그램이 부족한 현실이어서 노인의 네 가지 고통으로 알려진 빈곤, 질병, 소외, 고독 외에 현대사회처럼 노인의 고통이 심화된 적은 없다.[36] 전인식은 우리나라의 인구 비율도 노년인구가 급증하고 있다. 2001년도 노년인구는 전체 인구의 7.1%가 넘을 것이며, 2003년도 에는 노년인구가 전체 인구중 14%가 넘을 것으로 예상된다. 노년인구의 비율이 7% 에서 14%로 증가한 시간이 프랑스는 130년, 스웨덴은 85년, 미국은 70년, 일본은 25년인데 비해 우리나라의 경우는 22년 정도가 될 것으로 추정하고 있다. 이와 같은 고령화 속도를 고려할 때 교회가 가장 효과적인 목회방법을 찾아[37] 능동적이고 성경적인 노년 전도방안을 마련해야 한다는 것이다.

노인들을 구약성경에서 히브리어 자켄(Zaken)은 '수염이 희다' 란 뜻으로 일반적으로 60대 이상의 노인(창18:11, 37:3, 욥12:20, 시71:9), 쉐바(Sebah)는 '흰머리' 란 뜻으로 70대 노인 창15:15, 25:8, 삿8:32), 야시스(yasis)는 80대 노인을 가

---

35) 호태석, op.cit., p.25
36) 호태석, Ibid, p.26
37) 21세기 전도정책연구 (서울:대한예수교장로회총회,2002), 21세기총회전도전문위원회 편, p.315

리키며 '연로하다' 는 뜻이다(욥12:12, 15:10, 29:8, 32:8). 신약성경에서 여러 곳에서도 노년기는 하나님의 은총의 기간으로 이해되고 더구나 노인은 영광과 존경의 대상, 지혜의 상징으로 이해하고 있어서, 성경적 관점으로 볼 때 현대 사회가 보는 관점과는 달리 긍정적으로 보고 있는 것이다. (욜 2:28하, 레 19:32, 잠 16:31, 창 15:15, 출 20:12, 신 32:7, 왕상 12:6, 욥 12:12, 시 92:12-15외에 신약성경 요 3:4, 눅 1:18, 딛 2:2 등을 참조) 호태석 은 따라서 기독교 교육적 관점에서 볼 때에도 노인은 하나님의 형상으로 지음 받은 인간으로서 노화과정 속에서도 그 존엄성이 약화될 수 없음을 인식해야 한다[38]고 말한다.

제 3 절 노년전도의 신학적 고찰

교회가 노년전도를 위해 애써야 할 이유는 먼저 성경 속에서 찾아볼 수 있는 것처럼 십계명중 다섯 번째 계명(출20:12), 전도인의 직무(딤후4:5), 예수 그리스도의 제자의 사명(막 16:20)인 만큼 아직 결신 하지 못한 어느 계층의 사람들과 특히 그들이 노년층의 사람일지라도 "말씀을 전파" 하는 일에 "항상 힘써" "오래 참음과 가르침으로 경책하며 경계하며 권하"(딤후4:2)는 것이 마땅한 교회적 책임이다.

지금까지 대다수의 한국교회의 관심의 대상은 유년부부터 장년부에 이르기까지였고, 특히 유년부나 중,고등부를 위해서는 재정적인 투자를 아끼지 않았다. 그와 반대로 노년층에 대해서만은 그들을 장년부에 편입시키거나 또는 전혀 관심의 대상으로 생각지 않는 경우가 대부분으로 노년층을 위한 예산 수립이나 유년부와 청년부처럼 노년부를 독립부서로 조직화된 교회는 거의 없다[39]는 것은 노년전도에 거는 기대가 그만큼 희박하다는 증거이다. 이러한 면에 소홀히 한다면 하나님의 명령에 위배된 행위라고 밖에 볼 수 없다. 오히려 교회가 노년전도와 관련된 복지사업

---

38) 호태석, op.cit., p.53
39) Ibid. p.319

과 병행하여 교회에 출석하지 않는 노인들에게 빠르게 변화하는 사회로부터 소외되지 않도록 보살피면서 영원한 삶에 대한 복음을 전파할 기회를 놓치지 않는다면 노인들을 쉽게 인도할 수 있고, 교회로 인도된 노인들은 그들 주변 사람들에게 신앙인으로서 영향을 줄 수 있으므로 노인들은 선교를 위한 간접적 역할을 감당할 수 있다[40]는 것은 고무적인 일이라 할 수 있다. 아무튼 이제 교회가 노년부에 대한 관심을 높이고 노인 문제를 의식화하면서 노년전도사업에 적극적으로 투자해야 할 때임을 판단해야 한다.

앞서 노년전도의 신학적인 고찰과 그 필요성을 논하였지만 그러한 전도는 개개인이 영적 각성과 은혜 체험의 결과에서 오는 뜨거운 사랑과 구령의 열정으로 죽어가는 영혼과 죄에 빠져있는 사람들을 구원하기 위해 그들을 그리스도에게로 인도하는 노력[41]을 동반하여야 한다. 역사상에 나타난 노년전도의 중요성은 신구약 성경에 전반적으로 기록되어 있다. 구약에서 보면 아담을 비롯한 노아, 아브라함, 이삭, 야곱 등 모든 족장들은 자신이 하나님께로부터 개인적으로 받은 축복과 저주의 약속들을 가족을 비롯한 다른 사람들에게 전달했는데 이는 노년 전도에 의한 것이라 할 수 있다[42]는 것이다. 또한 요셉이 애굽의 바로에게 하나님의 살아계심과 하나님의 계획을 전했는데 이것은 개인 전도에 의한 것이며 선지자들 중에도 개인에게 하나님의 뜻을 전하는 경우 즉, 여로보암에게 하나님의 뜻을 전한 아히야(왕상 11:29-33)나 엘리사가 수넴 여인에게 베푼 은혜(왕하4:8-37) 역시 개인 전도에 속하는 것으로서 결국 전도란 구원받은 개인이 멸망받을 개인에게 구원의 복음을 전달하며 그리스도에게로 인도하여 그에게 맡겨 버리는 것이다 라는 뜻이 강하게 내포되어 있다. 더구나 부르심을 받은 주의 백성들에게는 너희는 나의 증인이라……(사 43:10-12)는 전도의 사명과 함께 책임을 묻고 계시는 것이다. 하나님께서는 창조이후 모든 인류에게 전도를 위한 계획이 있었음을 다음의 성경 구절에서도 찾아

---

40) Ibid, p.320
41) 남일우, 개인전도의 커뮤니케이션에 관한 연구, (서울:고신대학신학대학원 신학석사학위논문, 1989), p.8
42) 강무석, 이주영 공저, 개인전도학, (서울:성광문화사, 1982), pp.15-16

볼 수 있다. "……그런즉 너는 내 입의 말을 듣고 나를 대신하여……너는 악인에게 경고하며 돌이켜 그 길에서 떠나라고 하되 그가 돌이켜 그 길에서 떠나지 아니하면 그는 자기 죄악 중에서 죽으려니와 너는 네 생명을 보전하리라"(겔 33:7-9)고 하신 것을 보면 알게 된다.

복음서 외에 신약성경 여러 곳에도 노년 전도의 필요성이 충분히 설명되어 있다. 특히 예수님의 생애 대부분의 사건은 개인적인 만남과 개인 전도의 모범을 보여주는 일로 되어있다. 그의 제자 12명중 7인 모두 개인 전도로 인하여 제자들로 삼았다. 처음부터 집단적으로 삼으신 것이 아니라 한 사람씩 전도를 통하여 얻으신 것이며 개개인을 어떻게 접촉하고 제자 삼으셨는지를 살펴볼 수 있다.(마9:9, 마4:18-22, 요1:43-49)

즉, 예수님께서 개개인을 만나시고 복음을 전하시고 구원하신 사건중 유대인의 관원 니고데모(요3:1-21), 수가성 우물가에서 만난 사마리아 여인(요4:1-42), 간음한 현장에서 붙잡혀 온 음녀(요8:1-11), 삭개오(눅19:1-10) 등을 들수 있다.

바울도 역시 개인 전도의 방법을 구사하였던 인물로서 첫 번째 전도 여행에서 바보섬의 총독 서기오 바울을 그리스도께 인도해 주었고 (행13:6-13) 빌립보 감옥에서는 간수와 그 가족에게(행10:24-31) 그리고 가이샤라 에서는 벨릭스 총독에게 개인 전도를 하였다. (행 24:24-26)

이러한 의미에서 볼 때에 선교의 기본 요건으로서의 노년 전도의 중요함을 설명하지 않아도 쉽게 이해된다. 그러나 독일의 George F. Vicedom 이 밝힌 선교란 하나님께서 오늘도 인간의 구원을 위해 일하고 계심을 말해주는 표적이며 교회가 하는 모든 일, 즉 하나님께서 교회를 통하여 하는 모든 일 들이라 하여 목회나 전도는 물론 사회 사업이나 구제, 인권 운동이나 혁명 운동도 선교라고 보게 되었다.[43]

이러한 점등으로 보아 노년전도에 있어서도 막연한 자세로 대처한다면 복음과 동떨어질 수도 있다는 점을 경계 삼아야 한다. 그래서 구약에서는 하나님께서 자기

---

43) 남일우, op. cit., p.12

이름을 위하여 만민에게 관심과 사랑을 가지고 계시며 시대마다 자기 뜻을 전하기 위하여 사람을 보내셨다는 사실과 함께 예수님께서 강조하신 선교의 개념은 하나님의 사랑을 가지고 잃은 자를 찾아서 그들에게 복음을 전하여 구원하는 일이며, 교회를 세우고 성도들을 가르쳐서 파송 시키신 데에서 찾아보게 된다. (창 12:1-3 및 롬 10:4하) 예수 그리스도나 바울의 선교활동은 복음 전파를 위해 회당이나, 산과 들 또는 사람들이 모이는 회당이나 여러 장소에 찾아가셔서 복음을 전하셨기 때문에 사회개혁이나 종교 구조의 개혁을 위해서 노력한 것이 아니라 인간 자체의 변화에 관심을 두셨다. 결국 성경에서 보여준 선교란 남일우가 말한대로 하나님께서 세상을 사랑하셔서 예수 그리스도를 보내주셨고, 예수 그리스도는 세상에 오셔서 제자들을 부르시고 훈련시키셔서 그들을 세상으로 파송 하시고 교회를 세우시고 성령을 보내 주셔서 충성스러운 일군으로 통하여 이 복음 전파의 사역을 이루어 가시는 삼위일체 하나님의 활동임[44]을 알 수 있다는 점이다. 하나님의 활동 영역으로서의 전도는 마땅히 하나님의 영광에로 귀속되어져야 하는 것이다. 이를 위하여 대중 전도와 노년 전도를 통해 부흥의 불길을 붙이되 일대일의 노년 전도훈련을 거친 일군들을 파송 사역하게 하는 일이야말로 세계 복음화의 길을 효과적으로 확장하는 방법이라고 여겨진다.

초대 교회의 처음 300년여간에 가장 놀라운 결실은 모든 신자들이 다 나가서 전도하였기 때문이었다.(행 8:4) 평신도들을 중심으로 한 활발한 전도 활동상을 모범삼아 현대 교회의 부흥과 성장의 요소로 삼아 나아가야 할 것이라는 제언은 이미 오래 전부터 되어져 왔던 것이기에 그 중요성을 언급할 필요가 있다.

방 용구는 평신도들이 전도하지 않는 이유들을 모두 16가지로 설명하고 있다.[45] 그의 말에 의하면 평신도들이 '생활로 보이면 되지 꼭 말로 전해야 되느냐', '전도지나 교회 주보를 주면 된다' '예수님을 믿었던 경험담을 이야기 한다'는 것이다.

---

44) Ibid, p.14
45) 방용구, op.cit., pp.108-112

그러나 간증은 복음 전파의 수단이지 복음은 아니라는 사실은 예수님께서 생활로 본을 보이셨을 뿐만 아니라 적극적인 자세로 복음을 증거 하셨던 점을 되새겨 보아야 할 것과 전도의 방법은 결실을 위해 있는 것이니만큼 피상적인 것으로 끝나지 말고 다양하고 적극적이어야 한다[43]는 것이다. 이에 따라서 노년 전도가 한낱 구호에 끝나버리는 피상적인 전도방법으로는 주님의 간곡히 부탁하신 지상 최대의 명령(The Great Commission)을 수행할 수 없게 된다. 이 전도 명령만큼은 어느 그리스도인이든지 지키고 따라야 할 절대적인 명령으로서 전도가 없으면 한국 교회의 부흥과 교인들의 신앙성장은 끝날 것이며 마찬가지로 한국의 새벽기도회와 더불어 전도 운동이 함께 병행하는 한국 교회의 전도활성화는 하나님의 은총에 대한 감사와 감격의 표현으로 나타나야 한다. 그러므로 노년 전도는 쉽고 재미있고 흥분되는 일로서 우리에게 부담이 아니라 기쁨이어야 한다. 이러한 논지에 따라 교인들의 전도에 대한 부담을 덜고 즐거운 마음으로 전도하는 삶을 구사할 수 있는 현장에서 경험적으로 검증된 다양한 노년 전도 이론과 방법, 프로그램 등이 많이 개발되어야 할 것으로 여겨진다.

---

46) Ibid., pp.106-107

제 4 장 노년전도의 방법

여기에서부터 교회 안에서의 노인프로그램을 통한 노년전도 방법을 알아보면 다음과 같다.

제 1 절 임종 예비 교실

요즈음의 그리스도인들에게 적잖이 죽음 앞에 크게 두려워하는 경향을 발견하는데 이러한 인식을 전환시키기 위한 임종전 교육이 필요하다. 죽음의 의미와 죽음을 받아들이는 자세 천국에서의 삶을 위해 이 땅에서 어떻게 살아야 하는지 알려주고 제사와 묘지 문제 등 반 기독교적인 요소들에 대해서도 자세히 알려 주어야 한다는 것이다. 미국 교회에서도 이러한 프로그램을 운영하고 우리 기독교와 다른 입장에 있는 불교에서조차 시왕전이나 명부전이라고 해서 죽음에 대한 교육이 있다는 것은 기독교인들이 한번쯤 반성해 볼 일[47] 이라는 점이다. 임종을 앞둔 사람들 가운데에는 노년층에 계신 분도 예외없이 죽음에 대한 불안과 공포를 극복할 수 있도록 꾸준한 상담을 통한 관심을 보여주면 '그럴 리가 없다.' 는 죽음에 반한 부정(denial)의 당계와의 일시적인 충격에서 벗어나 자기 자신의 죽음의 콤플렉스를 충분히 통찰하고 극복하는 자세를 갖는데 도움이 된다. 더구나 '왜, 하필 내가?' 하는 강한 분노의 단계에 서면 주변인의 문병조차 싫어하게 되고, 다음에 오는 타협의 단계는 그 기간이 길지 못할 때가 많으나 환자의 입장에서는 어떻게 해서라도 절대자의 손에 매달리려 하므로 죄책감이 그리스도의 보혈로 용서함을 받는 자리에 이르게 해야 하며, 평소에 하나님을 믿지 않는 사람들 조차도 절대자에게 의지하려는 노력을 이 시기는 전도를 하기에 적절하다.[48] 몸이 현저하게 쇠약해질 때에 본인 스

---

47) 송길원, "장례문화 개발을 위한 10가지 아이디어", (서울:새가정사, 1999년 3월호), p.48
48) 정정숙, 기독교상담학, (서울:베다니사, 2002), p.559

스로 우울한 자리에 이르게 되므로 이것 저것 많은 말로 간섭하지말고 이심전심의 관계를, 예를 들면 말없이 손을 토닥거려 주거나 머리를 쓸어주거나 조용히 곁에 앉아 있는 것으로 마음과 마음이 통[49]할 수 있게 되어지고 최종적인 순응(acceptance)단계는 머나먼 여행의 길을 떠나기 전에 취하는 휴식, 임종을 맞는 환자의 마음으로서 그 어느 누구도 이해하지 못하는, 한편 경험해보지 못한 평안의 기운이 생겨 새로운 세계에 대한 기대를 가지게 되기 때문에 환자와 함께 가족들에게도 이해와 도움, 그리고 격려를 해야 하며 이런 경우에는 방문객의 수를 줄이고, 면회시간도 짧게 해주며 긴 대화보다 무언의 Communication을 해야 한다[50]는 것이다. 물론 이제가지 전제된 절차과정은 사람에 따라 단계가 다르게 나타날 수 있지만 일단 죽음의 전 단계로서는 지침으로 이해해야 한다. 외롭게 살다가는 노인에게는 주의 도우심이 함께 하도록 기도하고, 말씀 읽어주고 대로는 찬송도 불러준다. 혹시 불신자 되는 임종자라면 전도하여 구주를 영접하면 영접기도까지 따라하게 한 후 죄에서 자유와 해방, 죽음에서의 자유와 영원한 안식에 대해 선포해 주어야 한다[51]는 것이다. 따라서 죽음은 그 사람의 모든 것의 총결산이다. 죽음은 육체적인 문제뿐만 아니라 정서적 문제, 사회, 경제적 문제, 영적 무제가 모두 포함되기 때문에 삶의 총결산인 죽음을 잘 준비시키기 위해서는 여러 사람이 힘을 합하여 공동으로 전인적인 방법을 가지고 죽어가는 사람과 남는 이에게 기독교의 복음에 밀착시켜 주어야 한다. Hospice care(임종간호)의 정의를 살펴보면, 임종환자와 가족의 신체적, 정신적, 사회적, 영적 간호를 제공하는 완화와 지지의 서비스[52] 이며 죽음과 사별에 즈음해서 효과적인 목회의 일은 상대편의 입장에서 들어주는 일(롬 12:15), 부드럽고 무조건적인 수용(눅 6:36), 내적인 일치와 감정의 소유(요 11:33)와 하나님의 위로하심을 증거하는 일(마 5:4)과 솔직히 정직(막 8:32)및 필요할 때

---

49) Ibid, p.560
50) 정정숙, Ibid. pp. 561-562.
51) 호태석, op.cit., p.177
52) National Hospice Organization의 Hospice care의 정의, 1978

는 맞서는 자세로 대해주는 배려가 필요하다는 것이다. 목회자는 죽는 이에게 그리스도의 용서의 확신 및 죽음에서 바로 우리를 저버리지 않고 사랑하시는 하나님의 자비를 다음 성구를 사용하여 전해주는 돌봄이 필요할 것이다.[53] ①살 소망을 끊을 때에, 다윗이 절망적일 때 부른 기도문(시62:5-8)과 시편 142편을 읽어준다. ②죄와 허물로 불안한 임종환자(사5:4-6) ③하나님의 약속을 의심할때(요 14:2-6, 고후 5:1-4, 요일 3:14) ④내세에 대한 확신이 없을때(요 14:2-6, 고후5 :1-4) ⑤영원 구원의 보증을 위하여(벧전 1:3-9) ⑥결단과 정리를 위한 기도 (왕하 20:1-3, 사 38:16-17) 등이다.

노년에 접어들면 먼저 나타나는 것이 신체적 특징인데, 외모가 달라지고 동작이 느려지며 병에 대한 저항력이 약화될 뿐만 아니라 질병의 회복 속도도 느려진다. 뼈는 유연성이 약해서 조그마한 충격에도 상하기 쉽고 근육조직의 약화로 힘을 쓸 수 없으며, 위장과 대장의 기능이 약해져서 소화불량과 변비, 설사가 잦게 된다. 또한 심장의 혈관조직 운동도 속도가 느려서 심장으로 들어가는 혈액의 속도도 함께 느려지므로 노인의 연약한 활동성을 알게 되지만 이들은 결코 사회에서 소외되지 않도록 충분한 배려를 아끼지 않아야 한다. 하나님께서는 노인들에게 소망과 함께 부활의 신앙을 주시어 영접하시기까지 하신다. 더욱이 교회는 믿지 않는 노인들까지도 빠른 사회변화로부터 소외되지 않도록 영적으로 잘 보듬고, 결코 사회 변화에 적응치 못하고 수용될 수 없는 노인들의 삶이 성경적 삶의 유형이 되도록 이끌어[54] 줄 필요가 있다.

---

53) 호태석, op. cit., pp.180-182
54) Ibid., p.183

제 2 절 노년부를 통한 전도

　모든 교회가 노년부를 다른 교육기관과 비해서 무관심할 뿐 아니라 교회 교육에서 노인들은 제외되고 있다는 점은 애석한 일이 아닐 수 없다. 노년 교회교육은 노인들을 위한 교육뿐만 아니라 장차 노인의 시기에 임할 예비 노인과 자녀들에게 경로효친의 사상과 함께 세대차이와 의식 차이로 인한 갈등을 극복하고 대처하기 위해서도 필요하며 마지막 시기에 있는 이들에게 복음의 메시지를 긴급하게 전파해야 할 선교적인 사명일 뿐만 아니라 역사의 산 증인들로서 전통과 문화를 전달받아 후세에 발전시킬 문화적 사명 그리고 신앙의 선배들에게서 신앙적 유산으로 기억하며 보전하기 위한 교육적 사명을 위해서도 필요한 것이다. 다른 계층보다는 조금은 한가한 편인데 그러한 여가를 남은 인생에 최선을 다하고자하는 봉사심과 함께 신앙심을 유발시킬 수 있는 효과적인 전도 방법이 도입되어야 한다. 하지만 오늘날 대한예수교장로회(통합) 교단에 41노회, 3,977교회, 1,372,094명의 교인이 있으나 교회학교 노년부를 조직한 교회는 불과 10교회도 되지 못한다[55]는 조사대로 거의 실제적인 교육시간을 배당하고 있지 않다는 것이다. 하지만 대부분의 노인들은 여가시간을 유용하게 보내기 위해서 교육을 받거나 동료들과 함께 하고 취미 또는 지식을 넓히고자 한다는 사실을 기억해야 한다. 또한 우리나라도 이제는 고령화사회에 접어들어 평균수명이 남자 62.7세, 여자 69.1세 이상을 넘어서고 있기 때문에 65세 이상의 노인들을 별도로 조직할 인적자원이 충분하여 성경을 가르쳐 올바른 신앙생활로서 남은 여생을 마무리짓게 하고 밝고 명랑한 가정으로 이끌 수 있도록 충분히 갖추도록 하여 자연적으로 노년 단체활동에 기여하게 한다면 교인심방과 이웃과의 친교시간이 점차 많아질 것은 분명하다. 그러므로 노년부의 조직을 통해 그 기능을 발휘하게끔 지도를 게을리 하지 말아야 겠다.

　노년부의 교과목은 예배, 성경공부, 친교 및 대내외적 활동 시간을 두면 주변의

---

55) 한국교회 100주년 기념대회, (서울:대한예수교장로회 총회 편, 1984), p.32

노인들과도 친숙해져서 복음적인 생활로 교회에로 인도해 낼 수 있다.

필자는 현재 노년부 교육을 일방적인 강의에서 벗어나 다음과 같이 효과적인 운영을 하고 있다.

일시 : 매주일 오후1시~2시 장소 : 본당 또는 교육관(노인 쉼터, 휴게실도 이용)

대상 : 65세 이상 되신 노년 남, 녀

교육방법 :

① 시중의 일대일 양육교재를 가지고서 처음에는 대중 강의를 한다. [56]

② 2~4주 동안에 비교적 꾸준히 수강하는 열심있는 분 또는 문답에 잘 응하시는 분들을 택하여 양육자가 되기를 권한다.

③ 선정된 양육자들에게 가장 쉽게 전달해 줄 수 있는 대상자들을 1명에서 4~5명까지 맡겨 개인, 그룹별 교육을 베풀게 해준다.

④ 자신 있게 가르치는 그룹들을 찾아가 격려하고 열심히 따르는 분들을 다시 양육자로 선정하여 쉽게 전달받을 수 있는 분들과의 소그룹을 만들어 준다.

⑤ 이렇게 한 주간씩 성경찾아 적어오기, 전달하기 위한 기도 준비를 자진해서 해올 것

· 평가 : 자신들과의 친숙한 대상자들과의 만남에서부터 열의를 갖고 꾸준하게 교제하며 좀더 예배시간에 집중하여 메모하는 분들이 늘어나고 전과 달리 고독감에서 벗어나 자기를 이해해 주는 사람이 있다는 생각에서 교회 전체적으로 푸근하고 가정적인 분위기를 형성하고 있다.

평신도 사역자를 길러 내는 중요한 방법이라 생각되며 앞으로는 교육뿐만 아니라 전도하는 데에도 활용할 가치가 있다고 본다.

---

56) 하용조 외, 일대일 제자양육교재, (서울:두란노서원,2002), pp.1-258

제 3 절 노인학교를 통한 전도

최근에 와서 각 교회와 불교, 천주교 단체에서도 노인학교 운영에 착수함으로써 점차 확산되고 있는 추세이다. 하지만 교회에서의 노인학교 운영에 신축성을 발휘하여 지역사회에서 영향력을 가지고 선교의 사명을 감당하기 위한 각별한 노력과 투자가 필요하다. 처음 한국에서의 노인학교의 시효는 1972년 종로 태화관에 자리잡은 성루 평생 교육원이고, 1973년에는 서울 명동 카톨릭 여학생회관에서 개강한 덕명의숙[57]이라는 점을 되살려 일반 노인학교들보다 훌륭한 교육기관으로 성장하기 위해서 한 교회보다는 여러 교회의 연합적인 운영이 좀더 효율적이라는[58] 시각도 있다. 기존 시설활용(교실, 교육 보조재료)과 교회의 유능한 인력활용(평신도 자원봉사자, 전문가)으로 어느 정도 강사난을 해소할 수 있고 교회 전용버스 등을 활용하는 등 야외활동에 있어서도 적은 경비를 쓸 수 있는 편리한 점이 많다. 개교회가 노인학교를 단독으로 운영하기 어려운 경우 인근 지역의 몇 개 교회가 연합으로 공동 운영을 할 수도 있[59]으나 한국교회는 교회 활동이 개교회별로 이루어지고 있으나 한편으로는 교단을 중심으로 교단의 정책을 따르고 있기 때문에 만약 교파, 교단을 초월한 연합 활동이 현실적으로 어렵다면 최소한 지역 내 교단 중심의 공동참여를 생각해 보면 의외로 쉽게 운영될 것이다. 기독교 총회나 교단적 차원에서는 노인의 문제를 신앙적인 문제로 파악하고 교회가 전도적 차원에서 노년전도를 위한 교회의 역할, 노년전도 지도자훈련 등의 필요성을 감안한 정책이 수립되도록 노인학교 활성화 방안을 제시해 주어야 한다.

아무튼 지역안의 각 교회가 독단적으로 모든 프로그램을 제공하는 것보다 지역의 교회가 연합하여 확보 가능한 인적, 공간적, 재정적 차원에 따라 개교회별로 전

---

57) 최순남, 우리나라 노인문제와 교회의 역할, 〔신학연구123〕, (서울:한신대학, 1983), p.388
58) 신유호, 노인문회에 관한 연구, (대전:목원대학신학대학원 목회학석사학위논문, 1988)
59) 배호진, 노인목회의 필요성과 교회적 실천방안에 관한 연구, (서울:총신대학교대학원 신학대학원 신학석사
    논문, 2002)

문성 있는 프로그램을 선택하여 제공한다면, 지역교회에서 노년전도 프로그램의 중복을 피할 수 있을 뿐만 아니라 각 프로그램별로 투자하는 방향이 달라질 수 있으므로 훨씬 효율적인 운영이 이루어질 수 있다.[60]

교회노인학교는 지역사회 전도에 다리를 놓아주는 관계로 급변하는 현대 사회에서는 한평생 공부를 계속해야 하기 때문에 노인들도 마찬가지로 급변하는 사회에 대처하고 싶은 욕구, 일정한 집단활동에 참여하고 싶은 욕구, 새로운 것을 알게 됨으로써 스스로 성장하는 자아실현의 욕구를 충족하기 위함에서 각 개인의 상황에 맞는 교육이 필요한 것이다.

가급적 노인교실의 규정[61]에 맞게 설치 운영할 때에 정부의 지원을 받을 수 있게 되고 정규 등록된 학교라는 인식을 주민들에게 심어줄 수 있게된다. 따라서 노인학교는 교회의 업무부서면에서 교회 직속 부설기관으로 두어 실제 운영상의 문제를 일괄 관리하는 것이 바람직하다. 노인대학을 운영하기 위한 기본적인 인적 구성은 학장, 교무담당, 총무의 3인이며, 대학의 규모와 필요에 따라 전담자의 수를 증가할 수도 있다. 학장은 강사를 쉽게 초빙할 수 있는 권위 있고 저명한 인사로 목사, 장로, 권사, 집사 중에 적임자로 둘 것이나 가급적 당회에 참석하는 당회원이 좋다. 교무담당자는 핵심 실무자로서 교육진행에 능숙한 인사가 하며 총무는 회계를 겸하게 되므로 경리에 밝은 인사가 적합할 것이다.[62] 노인학교 예산은 교회예산을 세울 때 노인학교 운영 예산으로 배정받아 충당하며 만일 어떤 특정인의 기부금으로 운영하는 것은 후일 분쟁의 소지가 있으므로 충분한 검토가 필요하므로 규모가 크고 인적 자원이 풍부한 대도시의 노인학교에서는 약간의 헌금을 받을 수도 있다.

교회노인학교의 설치 목적은 우선 전도의 목적을 들 수 있다. 해마다 입학하는

---

60) 호태석, op.cit., p.341
61) 노인여가시설 등록 기준에 따른 노인교실의 시설기준과 운영기준(노인복지법 제4장,2000년) 시설기준은 33제곱미터 이상의 강의실과 사무실,휴게실,화장실 등 노인교실의 운영에 필요한 설비를 갖추어 하며, 운영기준은 이용대상을 60세 이상 노인으로 하고, 정원 50명 이상이며, 주 1회 이상 교육을 실시하여야 한다.
62) 배호진, op.cit., pp.80-81

수강생과 강의에 참여하는 강사가 전도의 대상이 된다. 특히 신입생이 전도의 대상이 되어야 하기 때문에 비 종교인이나 기독교 이외의 종교인이 많이 모집되도록 하여야 하며[63] 취미나 특기 교육을 원하는 노인들을 대상으로 한 일반인도 환영한다는 명확한 모집 공문이 광고 되어야 한다. 특히 재학기간 거의 영향으로 어떤 계기에 교회를 스스로 찾는 경우도 있고, 또한 전도 받고서 쉽게 전도되는 경우도 많고 수료한 이후에도 과거의 영향으로 어떤 계기에 교회를 스스로 찾는 경우도 있고, 또한 전도 받고서 쉽게 전도되는 경우[64]도 있다. 노년전도 차원에서 하나님의 거룩한 명령에 따라 노인을 공경하고 주님의 명령에 따라 전도의 수단으로 여기면서 성령님의 인도하심으로 노인 어르신을 교육을 통하여 신앙교육과 인생교육, 생활교육을 실시함으로써 남은 여생을 값지게 살도록 지원하되 노인들의 영혼구원과 영성 훈련을 위한 목적으로 설립되어야 한다.

노인학교의 설립 목표는, 1)노인들에게 기독교적 인생관 또는 관점에서 노년기의 노령화의 삶과 죽음을 관망할 수 있는 교육 2)하나님의 창조의 섭리 속에서 지금까지 살아온 삶의 시간(과거)에 대한 긍정적 의미를 부여하는 교육 및 과거를 수용할 수 있는 교육[65] 3)이웃과 더불어 사는 기독교적인 삶의 준비에 대한 교육 4)미래에 대한 신앙 교육으로 내세의 삶에 대한 확신을 갖도록 해야한다. 여기에서 노인교육은 직접적 선교 교육 형태로 나타난다.[66]

호태석은 교육내용을 통하여 본 교육과정[67]을 다음과 같이 모색해 간다.

1) 성경 : 성경에 나타난 인물 중심, 노년의 삶

2) 신앙훈련 : 기도, 성경정독, 예배, 찬양, 1일 부흥회 (세미나)

3) 생활훈련 : 사회생활 적응, 시대의 변화에 따른 삶의 지혜

4) 주제특강 : 적절한 시기에 주제에 따라 강의를 진행한다. (외부강사 초청)

---

63) Ibid., p.81
64) 이승익, 노인학교 운영의 실제, (서울:목회와 신학, 1994), p.78
65) Erik H. Erison, 아동기와 사회, (윤진?김인경 역) (서울:중앙적성출판부, 1988), p.312
66) 박종삼, 교회사회봉사 이해와 실천, (서울:인간과 복지 2000), pp.218-219
67) 호태석, op. cit., pp.348-349

5) 취미교실 : 각자의 취미를 살리도록 한다.

6) 전수교실 : 노인 어르신의 특기를 전수하도록 수강생을 모집하여 어르신의 특기를 가르치도록 한다.

7) 컴퓨터반, 8) 한국고전, 9) 한국성지순례, 10) 무료급식, 11) 의료서비스, 12) 이, 미용 서비스, 13) 레크레이션, 14) 노래자랑, 15) 영화감상, 16) 온천관광 등을 적극 활용하여 전도의 기회로 삼아야 한다. 이때에 교회 입장에서 얻어지는 유익은 1) 하나님 명령실천: 노인공경 2) 버려진 노인영혼 구원 3) 정체된 노인의 신앙훈련 4) 교인들 각자 은사 활용기회 부여 5) 교인들과 자녀들이 함께 봉사하므로 노인공경의식 고취 6) 노인을 통한 가족 전도 기회[68]를 들 수 있다는 것이다.

(노인대학 프로그램 운영계획과 그 교육과목에 대한 연구 및 행정과 운영 요식은 부록에 첨기).[69]

노인 문제가 사회 문제화됨에 따라 교회에서 노인대학을 설치하여 여가를 선용하고 평생 교육의 기회를 제공할 뿐만 아니라 노인 소외현상을 해소할 수 있다[70]는 장점을 들 수 있다. 여기에다 교회당(공간 활용)과 적정한 인원수용(최소한 무상지원)을 교육재원으로 삼아 담임교역자의 관심과 시간투자를 토대로 노년전도의 획기적인 성과를 거둘 수 있는 프로그램이다.

실례로 본 교회에서는 2003학년도 1학기 개강식을 지난 3월 8일(토) 오후2시에 경로식당 이용자와 이웃주민 중 경로대상 어르신을 모시고 제1부 사업설명회(pm2:00~2:30)를 본 대학관계자의 경과보고 등 사업설명, 식사시간(pm4:00~6:00)을 참석한 경로대상자들과 함께 함으로써 대외적인 이미지 효과를 높였다. 이와 함께 65세 이상 노인들에게 그리스도의 복음을 전하고 그들의 삶 중심에 뛰어들어, 봉사하는 교회를 활성화시키고 자라나는 젊은 세대들에게 노인공경 이 신앙의 기본임을 일깨워 그리스도 안에 있는 공동체, 세상으로 파송되는 공

---

68) 호태석, Ibid., p.350
69) 본문 논문 부록 참조
70) 박대관, 교회프로그램 개발에 관한 연구, (서울:서울신학대학교 신학대학원, 석사학위논문, 1984), p.51

동체, 소외된 자들을 섬기는 공동체로서 교회를 갱신[71]시키고 국가시책 상 완전한 노인 복지 상태에 못 미치는 현실 속에서 세속문화에 머물기 쉬운 노인 세대의 의식전환과 신앙적 현실과 이해 그리고 관심과 참여도를 높이는 등 경로대학 소기의 목적에 역점을 두었다.

필자는 교회를 개척한 1993년 12월 3일부터 2003년 5월 현재에 이르러서야 경로대학이라는 결실을 거두게 됨에 따라 그 기대와 자부심은 그 어느 때보다 클 수밖에 없다. 지금도 계속 문의와 접수, 그리고 강사 모색과 교육 프로그램 작성 등 이웃 주민들의 이목을 집중하게 만든 경로대학은 노년 전도에 없어서는 안될 이웃 전도수비대로서의 역할이 크다.

경로대학에 담임교사제를 반영하고 담임 교사의 심방을 통해 노인들과의 대화를 통해 그들이 안고 있는 문제나 어려움에 대한 상담자적 역할을 감당하도록[72] 하고 한편 외로운 노인에 대한 교인들의 관심을 고조시키고 사회 봉사 선교 활동에 참여하도록 교육하고 권면하는 성격을 가진 독거 노인초청 위로잔치를 경로대학 교육과정에 수용하면 자연적으로 교회 생활로 이끌어 낼 수 있는 선교현장의 장소[73]로서의 활용이 가능하다고 본다.

이러한 경로대학을 통한 활동적인 노년전도는 다음과 같은 지역사회봉사 측면에서 볼 때에도 매우 바람직한 현상으로 나타나고 있다.

기관 방문 봉사(애육원 · 자애원 · 노인요양원 · 무료진료소 · 지체 장애자 보호시설 등) 과 지역 수비대 등으로[74] 교회에서 노인들에게 무조건 베풀고 대접하려는 의식보다는 다양한 사회 현실 속에 노인들이 적극적으로 참여하는데 즐거움을 맛보고, 의미를 가지며 배움의 보람과 자신의 유용함을 느낄 수 있도록[75] 해야 한다.

---

71) 최병국, 지역사회 노인봉사를 통한 교회 활성화 방안, (미국:맥코믹 신학대학원목회학박사논문, 2000), p.19
72) Ibid., p.29
73) Ibid., p.30
74) Ibid., pp.29-31

그러므로 교회가 노인을 위한 프로그램을 만들고자 할 때에 Albert Dimmock 가 말한 노인의 여섯 가지 욕구를 인식함이 필요하다. 첫째는, 생존과 안정을 위한 대처 욕구(Coping needs) 둘째는, 성장하고 삶을 풍요롭게 하고자 하는 표현의 욕구(Expressing needs) 셋째는, 상호 유용하고 필요하다는 가능성을 느끼는 친교의 욕구(Fellow-shipping needs) 넷째는, 자신과 다른 사람들을 위해 쓸 수 있는 기여의 욕구(Contributing needs) 다섯째는, 삶의 회상과 통찰, 신앙의 가치를 깨닫는 나눔의 욕구(Sharing needs) 끝으로는, 사욕을 초월하여 타인과 더불어 시공간적인 모든 것을 하나님의 명령 안에 순종하고자하는 자기 초월의 욕구(Self-trnscending needs) 등 이러한 욕구가 노인의 자아 통합을 이룬 긍정적인 자기 이미지와 낙관적인 삶[76]의 자세를 갖추게 한다.

노인 교육의 목표를 영혼의 구원, 영 육간 적응된 삶, 자기 세대간의 화해, 협력, 봉사 등에서 볼 때에 교사는 조력자의 역할로서 단순한 동정 아닌 노인의 교유한 삶을 이해하고 그들의 경험과 삶을 존중하며 진솔하고 정직하며 개방적이고 순하여 방어적이지 않는 신뢰와 자유로움을 갖게 해주는 자아라고 볼 수 있다.

제 4 절 무료급식 · 경로식당 전도

호태석은 "경로식당은 노인들이 많이 모이는 공원 및 영세민 밀접 지역에 가정형편상 또는 부득이한 사정으로 점심을 거르는 노인을 대상으로 무료로 점심을 제공하는 식당이다. 1994년 전국적으로 44개소에 경로식당을 설치하고 있는데 서울에 22개소, 부산과 경기도에 각각 3개소, 대전과 충북에 각각 2개소, 전남, 경남 및 강원도에 2개소, 그 외의 광역시 및 도에 각각 1개소가 있다. 이 프로그램의 대상자는 주로 생활보호 대상자가 되고 있지만, 고정된 대상자가 아닌 우발적 대상자이고

---

75) 송남순, 교회에서 노인을 어떻게 교육할 것인가?, (서울:목회와 신학, 1995년 5월호), p.72
76) 장종철, 노인을 위한 교회 프로그램, (서울:교회교육, 1987년 11월호), pp.972-975

일부 도시지역에 치우쳐 있어 체계적인 프로그램이라 보기 어렵다."[77]고 하였고, 대한예수교 장로회(통합)에 소속된 무료 급식(노인) 교회는 2곳이며 이런 교회들은 구청과 협력 매일 60명의 무의탁 노인에게 점심 제공중이거나 자금난을 심각히 겪고 있음[78]을 알게 될 때에 노년전도에 있어서는 필요한 한 방법으로 인정되지만 주변의 재정 상황을 감안하여 실시할 수 있도록 해야한다.

필자는 노년전도의 필요성에 따라 2001년 7월2일부터 한해동안 무료 경로 식당을 운영해 오던 중 무려 14,000여명, 매일 평균 50여명이 찾아오시어 맛있게 저녁 식사를 잡수시고 가시는 노인들을 대할 때마다 부모님보다 더욱 소중한 분들이라 여겨진다. 어느 날 갑자기 찾아오신 개인 후원자께서 매달 경비를 대어 주는 덕분에 소중하게 노년 전도사업으로 책정하게 되었다. 매달 거금이 소요되는 전도사업이기에 금전의 소중함과 전도의 기회를 제대로 이용해야만 하지 않겠는가.

매일 새로운 메뉴를 통해 입맛을 돋구어 드리고 봉사를 잘하는 교인들을 앞세워 식판을 놓아드리거나 자리를 안내하고 영상과 음향을 조화롭게 조정하는 것도 빠뜨릴 수 없는 한 운영방법이다.

점차 핵가족화 되어 가는 시대에 맞추어 교회가 사회 속에 옴 붙은 영적 장애물을 제거하기 위한 자구책으로써는 무엇보다 효과적인 일이 아닐 수 없다. 왜냐하면 지금도 실직 또는 각종 삶의 빈곤으로 점차 소외 계층이 생겨나는 현시대 상황을 정부에서도 뒤늦게 노인복지 사회정책을 서둘러 마련하여 시행하고 있지마는 거의 다 반사로 불이익을 당하는 분들이 노인 계층이 아닐 수 없다.

아울러 봉합 방편의 한가지로 각 종교기관 등에서 자발적으로 경로 사업을 해주기를 바라는 눈치이다. 그러는 중 부실하게 지원비만 갖고서 운영하는 경로식사 제공처가 우후죽순 격으로 나올 수밖에 없다.

물론 우리 경로 식당 역시 한 독지가의 사재로써 운영되고 있기에 지금은 목소

---

77) 호태석, op.cit
78) 차기천, 지역사회 선교를 위한 봉사 프로그램가이드, (서울:좋은생각사, 1994), p.291~299

리가 높아지고 있지만 이후에는 하나님께서 보다 새롭게 맡아 주실 것으로 본다.

필자의 교회 경우에는 2001년 7월 2일, 노원구청장 이하 관계공무원의 축하 속에 지금껏 아무 탈 없이 진행 되어오는 경로식당으로 매일 새롭고도 신선한 충격을 안겨줄 수 있는 경로식사만이 가져다주는 기쁨 속에 매일 매일 노인들과의 가족분위기로 지내온다.

구제와 전도는 동전의 양면과 같고 주님의 선교 방법 중의 한가지였음을 성경을 통해 교훈 받고 있는 반면에 아직까지도 동조하지 못하고 있는 교회들이 많은 것도 사실이다.

우리교회의 대부분의 노인들이 이 경로식당을 이용하고 계시는 분들로서 이들은 모두 이러한 경로식당을 통한 사업이 시작되기 전까지는 교회에 대해 극히 냉소적이고 수년동안 방관해 오셨던 분들이라서 이러한 경로식당과 함께 요즈음 급증하기 시작하는 노년층[79]을 보면서 매우 효과 높은 전도방법이라 이해하게 되었다.

실시 가능한 노년전도의 교회 안의 프로그램으로서는 생계지원 사업, 의료보호 사업, 주거보호 사업, 교육보호 사업, 예방 사업, 기타 서비스 등을 들 수 있는데 생계지원 사업으로 분류되는 공동급식 서비스에 대한 조사 통계는 다음과 같다. 현재 우리나라의 많은 노인들이 경제적으로 외부의 보조를 받지 않으면 생계를 유지하기가 어려울 정도로 궁핍한 생활을 하고 있다.[80] 실례로 한국노인문제 연구소가 노인정 이용 노인을 대상으로 조사한 바 점심식사를 1. 집에가서 먹고온다(62.8%) 2. 노인정에서 라면 등을 끓여먹는다(10.3%) 3.굶는 날이 많다 (13.4%) 4. 매식을 한다 (12,3%) 로 나타나 굶는 날이 많다고 대답한 대부분의 노인들의 생활이 하위권에 속해 있는 것으로 조사되어 결식노인과 빈곤과는 매우 깊은 상관관계가 있음[81]에 따라 교회가 불우 노인을 위해 할 수 있는 일로 공동급식 서비스를 생각해 볼 수 있

---

79) 진삼웅, 노년전도 방법과 실제, (서울:대한예수교장로회총회 21세기총회전도전문위원회, 2002) pp.363-365
80) 배호진, 노인목회의 필요성과 교회적 실천방안에 관한 연구, (총신대학교대학원 석사학위청구논문, 2002) pp.74-88

[82]기 때문에, 노인들이 많이 모이는 노인정 주변과 공원 근처의 교회당이나 노인복지 센터를 장소로 확보하여 자원봉사자, 유급봉사자들을 배치하여 점심식사에 한하여 무료로 노인들에게 제공 할 수도 있으나, 식사 제공과 관련해서 기존의 교회의 프로그램을 보면 일주일에 한번 또는 경로잔치의 명목으로 일년에 몇 번씩 행사치례를 하는 것으로 위안 삼는 경향이 많다는 것은 노년전도에 있어서의 실효를 거둘 수 없을 것이 분명하다. 필자는 경로식당 봉사를 취재해간 매스컴의 영향으로 구청 또는 단체 또는 개인들의 후원을 받아 지속적으로 운영해 오고 있는데 여기에는 하나님의 기뻐하시는 뜻이 계신 것을 알게 되어 다른 노년전도 사업보다도 더욱 중요하게 취급해 오고 있다;

*경로식당 배식시간 : 월요일을 제외한 화,수,목,금,토요일 오후 4:00~5:00(주일날은 낮12시부터 오후1시까지)

*차량운행 시간 : 하계9단지 영구임대 아파트 주민들을 위해 매일 오후 4:00와 4:30에 태워 식당에 모시고 식사 후 2차례에 걸쳐 귀가시켜 드림.(오후5시부터 5시30분사이)

*경로식당 운영시간 관련 특별프로그램: 시작되기 2시간 전(오후 2:00~4:00) 경로대학을, 같은 오후시간에는 이, 미용 봉사를 매월 1회 이상 실시하고 특히 수·금요일 예배모임을 비롯하여 매일오후기도회를 오후5시로 하여 성경대학을 활성화시킴으로 참여면에서 90% 이상 효과를 거두게 되었다. 동시에 노인 쉼터(휴게실)를 이용률도 실내 건강기구 및 오락기구를 비치한 이후 그 참여율은 점차 높아만 가고 있는 실정이다.

• 경로식당을 계기로 삼아 노년전도 사업을 다음과 같이 확대하게되었다.

• ①전도대학 (월화수목금요일 오전 10:00~12:00)

②경로대학 (화수목요일 오후 2:00~4:00)

---

81) 박재간, 불우노인돕기 결연에 관한 프로그램, (「사회복지」, 여름호, (대한사회복지협의회, 1986), p.107
82) Ibid., p.78

③경로식당 (매일오후 4:00~5:00)

④기도대학 (월 · 화 · 수 · 목 · 금요일 오후5:00~6:00)

⑤치유대학 (매일 오후 6:00~7:00)

⑥성경대학 (매 수요일 오후 5:00~6:00).

• 이상의 프로그램은 1인다역을 할 수 있는 프로그램으로 개척교회 목회자에게 권장할만 하다고 본다.

경로식당 운영프로그램은 결코 좌시할 수 없는 전도사업이며 많이 베푸는 자에게는 많이 보상해 주시는 하나님의 사역이라고 여겨진다.

김대열은 "이 은사는 특별히 '부유한' 사람들에게만 속하는 것은 아니다. 마게도니아 그리스도인들은 가난한 자들이었지만, 하나님께서는 그들에게 구제에 힘쓰는 영을 주셨고 그들은 자기가 가지고 있는 그 이상으로 구제하는 일에 힘썼다. 다른 말로 말하면, 자선은 그 양(amount)에 달려 있지 않다. 오히려 자선은 그 자선하는 태도나, 인식, 희생하는 정신에 달린 것이다(눅21:1-3)."[83]고 강조하고 있다는 점에서 하나님의 일을 위하여 자원하는 마음으로, 시기에 맞추어 물질을 공급하는 능력(롬12:8)[84]을 개교회에서 적극 활용할 때라고 보게 된다.

제 5 절 경로 관광을 통한 전도

민은옥은 "노인들을 위해서 교회가 할 수 있는 일은 얼마든지 있다. 그러나 우선 노인들을 대상을 하는 욕구 조사가 선행되어야 하고, 해당 교회에서의 실천 가능한 사회복지프로그램이 어떤 것인가에 대한 사전 검토가 있어야 하고, 그러한 프로그램을 실천에 옮겼을 경우 그것이 어느 정도 파급효과가 있을 것인가에 대한 계획을 수립해야 한다."[85]고 말한다. 따라서 이러한 사업은 교회가 앞장서서 젊은 교

---

83) 김대열, 특별은사의 연구, (서울:비브리칼국제신학대학원 D.Min 가을 강의안, 2003), p.28
84) Ibid., p.30
85) 민은옥, op. cit., p41

인들로 하여금 해당지역 노인들을 위해서 또는 교회에 나오는 노인들을 위해서 봉사하는 성격의 노인복지프로그램이다. 따라서 교회와 젊은 교인들은 시혜자가 되고 노인은 수혜자의 입장에[86] 놓인다는 점을 고려해야 한다. 그래서 전도 효과 면에서 볼 때 노인프로그램 중에서도 여행 프로그램은 기본적이고도 공통적인 프로그램이라고 할 수 있다. 여행은 심신을 새롭게 해주고 견문을 넓히고 그로부터 즐거움을 얻을 뿐 아니라 오랜 시간을 노인들끼리 여행하면서 많은 이야기를 주고받음으로써 많은 새로운 정보를 얻을 수 있고 자신을 발견하는데도 좋은 계기가 된다[87]는 것은 노년전도에 있어서의 좋은 자료제공이 아닐 수 없다. 호태석은 교회의 지역사회 봉사사업의 일환으로 노인들의 단조로운 일상생활에서 벗어날 수 있도록 교회는 지역사회의 노인들을 대상으로 가까운 거리로 여행이나 야유회 등을 마련해 줄[88]것을 강조하였다. 전도의 고정적인 관념의 틀을 깨고 생활관계적인 면을 제공한다면 그들의 마음의 문은 쉽게 열려지기 때문이다.

박재간은 노인들이 무료함으로 인한 고통에서 탈피하는 방법의 하나로 소풍 또는 관광여행을 하고자 하는 욕구가 강하다[89] 라고 한다. 그들은 신체적인 조건 또는 경제적인 여건 때문에 그러한 것을 충족시키지 못하는 경우가 많은 점과 함께 운용방법에 있어서는, 노인들의 경우는 언제 무슨 사고가 발생할지 모르기 때문에 관광여행을 할 때는 반드시 보호자를 동반해야 하는데, 일상생활에 바쁜 자녀들은 그러한 역할을 제대로 하지 못하고 있으며 노인들은 경제적인 여건 때문에 영리를 목적으로 하는 관광회사를 이용하는 분들도 적지 않다는 점이다.[90] 따라서 교회가 주도하는 노인관광 프로그램에서는 이러한 문제점들을 용이하게 해결하되, 보호자로서는 젊은 성도들을 동원할 수 있을 것이고, 교통편의는 교회의 버스를 이용할 수도

---

86) Ibid., p.42
87) 배호진, op.cit., p.91
88) 호태석, op.cit., p.329
89) 박재간, 노인복지와 교회의 역할, (기독교학술회의, 1996), p.26
90) 민은옥, Loc. cit., p.43

있을 것이다. 교회재정에도 한계가 있기 때문에 실비를 받도록 하는 것이 바람직하다. 노인관광 계획을 세울 때에는 적어도 1개월 전쯤 구체적인 계획을 수립해서 해당 노인들에게 미리 알려주는 것이 좋다. 노인관광을 할 때에는 반드시 소화제, 청심환, 멀미약 등 구급약품을 지참해야 한다. 서구사회에서는 노인들의 소풍 또는 관광을 교회가 주관하는 일은 일반화 되어있는 일이다.

필자의 교회에서는 매년 봄, 가을로 관광여행을 통하여 지역 주민들을 위로, 교제를 나누고 있는바 그중 몇 가지의 소감을 다음과 같이 피력하였다.[91]

많은 돈이 투자될 것만 같아 여러 번 고려 대상이 되기도 했던 전도방법, 그러나 막상 큰맘 먹고 시행해 본 결과는 상상을 초월한 결과를 가져오게 되었다. 대체로 어르신들께서는 젊은이들 못지 않는 나들이 기분이 좀더 남다르시다. 과거의 좋았던 시절을 기억에서 되살리고 싶어하는 저들만의 심정을 뉘 알아줄 것인가. 특히 젊은층과의 억지동행형식 보다는 같은 연령층의 사람들과의 어울림으로 찌든 불만을 말끔이 씻어내고픈 그들의 심정을…….

그래서 조금만 양보하면 교회적인 후원과 재정으로 무난히 소화시킬 수 있는 최상의 전도방법, 그것은 경로 관광에 달려 있다해도 과언이 아니다. 실제로 매년 3차례 정례적인 경로관광으로 인해 인산인해(?)를 이루는 말 못 하리 만한 큰 기쁨을 표현할 길이 없다.

봄철에는 진해 벚꽃 관광 등을 비롯하여 봄, 가을 연신 외유할 기회를 제공할 때마다 그토록 닫혀 있던 마음의 문들이 활짝 열리고 주위의 얼굴도 모르고 성도 모르는 분들과 함께 식사를 나누고 목욕과 레크리에이션, 단체 촬영, 기념품들을 받으시는 노인들께서는 고마움이 역력히 베어 나오는 것을 알 수 있었다. (우리교회에서 그다지 멀리 떨어지지 않은 J교회에서는 매년 2박3일의 제주도 관광을 많은 찬사를 받으면서 성공리에 수행하고 있다.) 아무리 오래된 병앓이를 하시던 분마저도 장대비가 내리는 관광 여로에서조차 나이 어린 소년, 소녀 시절로 돌아가고

---

91) 진삼웅, Loc, cit., pp.359-360

파 하시는 모습과 함께 그들의 당차고도 충실한 고백(?)을 듣고 나면 바로 이것인가 싶은 것이 이 경로 관광의 전도방법이다.

이 방법을 시도할 때마다 확신을 얻을 수 있는 것은 제 아무리 외골수적인 존엄하신 분들 또는 전혀 비사교적인 분들마저 사로잡을 수 있음과 더불어 교회가 이웃과 함께 어울리는 한마당 터를 제공해 줌으로써 마치 자기 집 마당을 밟는 것과 같은 친근감을 갖게 해준다.

이 전도 방법으로 접근할 때에는 선심을 베푼다는 인식을 심어 주거나 우리 교회 교인만을 위한 감정을 일절 보여줘서는 안된다는 것이다.

필요에 따라 적절하게 코믹하고도 리드믹 할만한 테크닉을 유감 없이 발휘할 만큼 서비스 정신도 충분히 익혀둘 것을 첨언 드린다.[92]

아울러 경로관광에 의한 노년 전도를 위해서는 계절에 맞춰 인터넷을 활용해야만 명소의 특성과 위치 및 주변의 식당, 도로 상황 등을 소개 받을 수 있다. 특히 친절한 안내, 봉사, 푸짐한 식사제공, 출발 전, 후에 맞춰 간단한 기도회를 갖는 일, 쉬는 시간을 이용하여 영적 레크리에이션(Spiritual recreation) 곧, 교회생활에서 신앙적, 종교적 내용을 활용하여 영적인 교제와 신앙생활을 겸비케 하는 활동의 예로써 성경 인용게임, 성경 퀴즈게임, 성경 스포츠게임, 기도회와 예배를 통한 레크레이션 등[93] 을 활용한다면 매우 유익한 전도 효과를 거둘 수 있다.

매회 새로운 전도대상자들을 확보하기 위해선 기념품을 제공할 경우에는 교회명과 '축 경로관광' 등의 문구를 남겨둘 필요가 있고, 행사 3주일 전부터 신청접수를 받아 정원만큼 제비뽑아 선정하는 것을 병행해야 감사한 마음을 간직하게 된다. 더불어 여행보험을 들어 안전을 기하고 연락처와 주민등록번호를 기입하되 반드시 신청자의 안전수칙에 따른 확인 서명을 받을 필요가 있다. 한편, 단체 사진 외 본인

---

92) Ibid., pp.359-360
93) 김종필, 레크레이션 777백과, (서울:도서출판 예향, 2000), p.22

이 희망하는 개인, 그룹별 사진을 찍어 무료제공하면 대단히 반기게 된다.

결과적으로 경로관광 서비스는 노년층의 모든 분들께 대환영 전도만점의 효과를 기대할 수 있다.

제 6 절 진료봉사에 의한 전도방법

배호진은 "의료보호사업은 노인들에게 가장 절실하게 요구되는 프로그램 중의 하나이다. 특히 가족 구조의 변화 속에서 더 이상 가족 성원들로부터 보호를 기대하기 어려운 상태에 있는 노인들이 많이 늘어나고 있는 때에 교회는 이들을 위하여 교회 내 공간과 의료 인력을 활용하는 방안을 생각해 볼 수 있다."[94]고 하였다.

노인들에게 흔한 질환과 증상(Common Disease And Systems of the Elderly) 에 관하여 알아보면 다음과 같다.[95]

A. 질환과 증상들

노인들은 평균 5-6가지의 만성질환을 갖고 있다. 따라서 이들이 병원에 가서 의사를 찾을 때에는 포괄적인 평가 (Comprehensive Assessment)를 받아야 한다. 어떤 병은 일찍 젊은 시절에 나타날 수 있으나, 거의 모두가 노년 시절에 생긴다.

아래에 열거한 질병들은 흔히 노인들을 괴롭히는 병으로 그 중 어떤 것들은 쉽게 치료가 될 수도 있다. 모든 노인들은 물론, 각 개인의 증상에 따른 치료와 진단을 위해 의사에게 진단을 받고 그 충고를 참고로 들어야 한다.

1. Alzheimer's Disease(알쯔하이머병)

---

94) 배호진, 노인목회의 필요성과 교회적 실천방안에 관한 연구, (서울:총신대학교대학원 신학석사논문, 2002), pp.77-78
95) 김일재, 노인목회를 통한 교회 활성화 방안, (McCormick Theological Seminary 목회학박사논문 2000), pp. 64-71 재인용

이 병은 노인들을 괴롭히는 치매증 중에서 제일 많이 알려진 병이다. 이는 신경 질환으로 대뇌의 바깥 층인 피질에 영향을 준다. 시초에는 나타나는 증상이 매우 미미하고, 잦은 건망증이 드러나는 증세이다. 병이 진전됨에 따라 기억상실이 심해지고, 성격과 행동이 조금씩 바뀌는 것이 눈에 띄기 시작한다. 혼동, 과민성, 불안, 판단, 집중력, 적응, 언어 등에 영향이 오기 시작하며, 심한 경우에 환자는 자신을 돌보는 것도 불가능하게 된다.

Alzheimer's Disease의 원인은 알지 못할 뿐 아니라 아직 확실한 치료방법도 없다. 그러나 환자의 병의 진전에 따라 증상을 주의 깊게 관찰하고, 또 환자나 가족들이 쉽게 일상생활을 할 수 있도록 도와 줄 수 있는 전문 의사의 보살핌을 받는 것이 중요하다.

2. Arteriosclerosis(동맥경화증)

동맥경화는 대소 동맥혈관 내벽에 콜레스테롤, 중성 지방질의 축적, 복합 탄수화물 피와 혈액의 산물, 섬유질, 조직, 칼슘의 침전 등으로 인해 혈관 내벽이 좁아져서 생기는데, 결국은 막혀 버리게 된다. 심장에 있는 관상동맥이 좁아지거나 막혀버리면 협심증, 심근경색증, 심부전, 급사 등이 일어난다. 또 뇌혈관에 동맥경화증이 생기면 뇌빈혈, 뇌혈진증 같은 뇌경색이 일어나게 된다. 신장의 동맥을 침범했을 때에는 신성 고혈압, 신경화증, 신부전을 일으킨다. 그 외에 흔하지 않은 원인으로 일어나는 동맥경화증이 있다.

동맥경화증은 성인병의 주원인이 되며, 식사와 깊은 관련이 있음을 알 수 있다. 예를 들면 음식물 중에서 흡수되는 콜레스테롤, 중성 지방질, 지방산이 원인이 된다. 혈액 중 지방산이 급격히 상승했을 때에는 식이요법으로 혈중 지방질을 내리도록 조절할 수 있고, 혈압이 높아졌을 때에는 저 염분의 식이요법으로 치료할 수 있으며, 필요에 따라서 혈압약을 쓰기도 한다. 이런 때 담배는 반드시 끊어야 하고,

당뇨나 비만조절 같은 육체적인 활동도 도움이 된다.

노인에게서 일어나는 두통, 현기증, 이명, 의식혼탁, 시력약화, 백내장, 가슴이 답답하고 호흡이 곤란하거나, 부정맥 신경통 등은 동맥경화증의 합병증이라 할 수 있고, 지방질 과다섭취와 이외에 영향을 주는 위험 인자를 든다면 흡연, 음주, 비만, 스트레스 등이 경화증을 초래한다고 할 수 있다.

치료방법으로는 가슴과 목, 심장 또는 사지의 혈관에 폐쇄가 있는지 자세한 검사와 관찰을 해서 만약 위험을 초래할 것 같으면 외과적 수술을 하는 것이 도움이 된다.

3. Arthritis(관절염)

관절염이란 뼈마디에 오는 염증이나 퇴화를 말하는데, 증상에 따라서 검사 결과나 엑스레이 촬영에 의해 급성과 만성으로 나뉜다.

많은 노년이 가볍게 또는 심한 관절염으로 고충을 받고있다. 가장 흔한 것이 골관절염 (Osteoarthritis)인데, 이것은 몸무게를 감당하는 관절이 나이가 듦에 따라 닳아지거나 찢어져서 생기는 것이다. 관절염 염증이 생김으로 오는 류마치스성 관절염은 노년층에는 흔하지 않다. "가우트(Gaut)"는 관절에 생기는 순환질병인데 심한 통증과 염증을 동반하며 노인에게서도 볼 수 있다. 관절염의 치료는 원인에 따라 다를 수 있고, 물리치료도 도움이 되며, 염증에 사용하는 항염제나 정형외가적인 기구를 쓰기도 한다. "가우트"의 치료에는 특별한 약들이 있다.

4. 기관지염과 폐질환(Bronchitis & Lung Disease)

기관지염은 기관지에 있는 공기주머니의 조직에 염증이 생기는 것이다. 이것은 염증으로 인해 생길 수도 있고, 담배를 피움으로 해로운 물질들이 흡입되어 그 자극으로 인해 생길 수도 있다.

기관지의 염증은 항생제로 치료되어진다. 만성기관지염의 경우는 금연하지 않으면 피할 수가 없다. 만약 이를 치료하지 않고 방치해 두면 점차적으로 폐기종으로 진행된다.

5. 폐기종

이는 담배를 많이 피우는 사람에게 종종 발견되는데 폐의 공기포가 확장되어 폐를 손상시키는 결과를 가져온다. 이 환자는 숨이 차거나 심한 기침으로 고통을 받는다. 만성 기관지 폐쇄증 환자에게는 숨을 쉴 수 있게 돕는 도구를 사용해서 폐기종 환자들이 숨을 쉬게 한다. 여러가지 약물들과 운동이 매우 도움이 된다. 물론 담배는 끊어야 한다.

6. Cancer(암)

전국의 사망 통계를 보면 암이 뇌졸중 다음으로 두 번째의 사망 원인으로 등장했다. 남자의 장기별 암 발생빈도를 보면 위암, 폐암, 간암, 골수, 대장, 방광, 식도, 후두, 췌장에 발생하며, 여자는 자궁, 위, 유방, 갑상선, 간, 폐, 대장, 골수, 난소의 순위로 암이 발생한다. 원인은 아직도 확실하지 않으며 여러가지 학설이 있다. 즉, 유전인자, 바이러스, 환경에 의한 것 등이다. 암(악성 종양 또는 혹)은 조직이 주체할 수 없이 커지거나 또는 기관의 일부분이 몸의 다른 부분으로 퍼지는 것을 말한다. 암은 목, 식도, 구강, 위, 내장, 피부, 폐, 갑상선, 콩팥, 방광 등 어느 부분에서나 생길 수 있다. 암의 증상은 노인들에게 있어서 불규칙하고 확실하지 않으며, 다른 증상과 동반됨으로 종종 통증이 뚜렷이 기억되지 않기 때문에 무시되고 지나칠 수 있다. 따라서 조기진단, 조기치료는 최선의 의술이다. 매년 종합정기 진단으로 암을 조기에 발견하는 것이 매우 중요하다. 암의 초기 증상에는 통증이 없는 것이 특징이다. 그러나 다음의 증상이 나타날 때에는 지체하지 말고 전문의의 진단을 받아야 한다.

① 위의 기능이 좋지 않던가, 식욕이 없고, 밥맛이 없어질 때 (위암)

② 음식을 삼킬 때에 걸리는 것 같은 느낌이 들 때 (식도암)

③ 자궁의 부정출혈이 있을 때 (자궁암)

④ 변에 피나 점액이 섞여 있을 때 (대장암)

⑤ 기침이 계속되거나, 혈 담 또는 음성이 가라앉을 때 (폐암, 후두암)

⑥ 피부에 치료하기 어려운 궤양이나 짙은 다갈색의 점이 있을 때 (피부암)

⑦ 소변의 배출이 곤란하거나 피가 섞여 나올 때 (신장암, 방광암, 전립선암)

암은 외과적인 수술을 받아서 속히 제거해 버리거나, 방사선 치료나 항암 치료, 또는 이 세 가지를 같이 사용해서 치료할 수 있다. 왜나 하면 많은 암들이 노인에게는 성장 속도가 느리기 때문이다.

그러나 수술이나 방사선 치료, 항암 치료에는 부작용이 따르므로 어느 방법을 택하기 전에 심사숙고해서 선택해야 한다.

7. Congestive Heart Failure (울혈성 심부전증)

울혈성 심부전증은 심장근육이 아주 약해져서 펌프기능을 제대로 못함으로써 신체조직에 충분한 공급을 해 주지 못할 때 생긴다. 이 상태는 고혈압과 심장마비 등을 치료하지 않고 장기간 동안 방치해 두거나 류마티즘, 심장병의 결과로 생길 수도 있다.

울혈성 심부전증의 치료는 심장의 펌프작용을 효과 있게 증진시킬 수 있도록 도와 주고, 많은 액체를 제거시킴으로 될 수 있다. Digitalis를 사용함으로 심장근육을 강화하거나, 이뇨제를 써서 체내의 수분이나 염분을 제거할 수도 있다. 치료하는 데는 다음과 같은 질병들, 즉 고혈압, 급격한 갑상선 기능의 항진, 또는 빈혈 등의 질병들을 제거하는 것이 필요하다.

8. Hyper Tension(고혈압)

① 정상혈압은 최고 120 mm Hg이하, 최저 90 mm Hg 이하

② 경계선고혈압은 최고 140 mm Hg,최저90~95mm Hg 이하

③ 고혈압은 최고 140 mm Hg이상, 최저 95 mm Hg 이상을 기준으로 한다.

누구나 자기의 혈압이 어느 것이 속하는지 알아두는 것이 좋다. 고혈압의 원인은 동맥경화증에 의해서인데, 이를 오랫동안 치료하지 않고 방치해 두면 결국에는 뇌졸중, 심부전증, 신 기능 부진을 일으키게 된다. 또 다른 원인으로 원인을 알 수 없는 유전자 요인을 들 수 있다. 염분이나 고지방식, 과식, 과음, 흡연, 정신적 스트레스와 과로도 주요 원인으로 인정되고 있다. 본인이 느끼기에 평소와 조금 다르다고 생각되는 증상들을 자세히 관찰하면 고혈압의 유무를 짐작할 수 있다.

예를 들면,

① 머리가 무겁고, 이유 없이 골치가 아프다.

② 귀에서 소리가 나며, 어지럽다.

③ 사지가 저린다.

④ 잠이 잘 오지 않는다.

⑤ 가슴이 두근거리고 숨이 찬다.

⑥ 쉽게 피로해진다.

위와 같은 증상이 있을 때에는 전문의를 찾아가 진료를 받아 보는 것이 바람직하다.

노년에 있어서 고혈압 치료에는 의사의 처방에 따르는 약물사용법이 있는데 처음에는 적당히 약하게 쓰도록 하는 것이 바람직하다. 만약 강한 도수를 사용하게

되면 혈압이 급격히 내려가서 졸도할 우려가 생기고, 뇌졸증이나 심장마비를 일으키게 할 수도 있다. 또 다른 일반적인 치료방법이 있는데 이는 자신의 생활방법을 개선하는 일이다. 우선 식사관리를 철저히 해야하며 (즉, 음식 염분의 제한, 지방질 제한 등), 정신적 안정을 갖도록 노력하며, 적당한 운동과 체중조절을 함과 동시에 술과 담배도 절제 해야한다.

9. Diabetes (당뇨병)

당뇨병은 인슐린이란 췌장 호르몬의 부족으로 일어난다. 이 호르몬이 부족하면 음식물을 통해서 몸 안에 들어온 당분이 흡수되지 못하고 피 속에 쌓였다가 쓰이지 못한 채 소변으로 나오게 되는데 이것이 당뇨를 일으키게 된다. 발병 초기 증상으로는 소변이 많아지고, 쉽게 피로를 느끼고, 심한 갈증으로 인해 물을 많이 마시게 되며, 나중에는 눈의 망막증, 신장염, 신경증, 심근경색 등 여러 가지 합병증을 일으킨다. 어떤 경우에는 증상이 뚜렷하지 않고 미세해서 자신이 모르고 있는 경우도 있다.

치료에는 식이요법과 인슐린을 복용함으로 평상시와 같은 생활을 계속할 수 있다. 전문 영양사의 지시에 따른 식이요법과 운동, 의사의 처방에 의한 약물요법을 하면 된다. 당뇨병은 여러 가지 합병증을 눈에 가져옴으로 각별히 유의해서 곧 안과 의사를 찾아 망막증, 백내장, 녹내장의 등의 검사를 받는 것이 바람직하다.

10. 뇌졸증

Theombosis(혈전증) 이나 출혈 또는 Embolism(색전증)으로 인해서 대뇌 혈관에 이상이 생기는 것이다. 뇌졸증 환자의 80%가 살아 남지만, 대부분의 경우 이 결과로 장애가 생기게 된다. 가장 흔한 장애는 신체의 한쪽이 마비되는 것이다. 언어,

지각, 시력에도 영향이 오고, 실어증도 나타나지만 환자의 사고력은 여전히 전과 같을 수 있다.

이차적 합병증을 예방하거나 기능을 회복하는데는 조기치료와 빠르고 계속적인 재활치료가 매우 중요하다.

11. Depression(우울증)

우울증은 노인의 정신기능 저하의 원인 중에서 가장 흔한 질환이고, 치료가 가능한 질환이다. 그러므로 진단을 내릴 때 우울증의 가능성을 주의 깊게 관찰해야 한다. 나이가 많아지고 늙으면 신체적으로 쇠약해지고, 직장에서 은퇴해야 하며, 가까운 친구들이 세상을 떠나가며, 경제적으로도 누구에겐가 의존하게 됨으로써 자기의 존재가치가 희박해지기 때문에 더욱 우울해진다. 노인들의 우울증은 중년기의 환자들과는 상태의 차이가 있는데 생에 대한 절망과 두려움, 자기비하, 불면증, 식욕의 저하, 체중감소, 위축감, 생활에 대한 관심의 저하, 감정의 무디어짐 등이 나타나는데 극히 심한 경우에는 자살하고 싶은 마음까지도 들게 된다. 이러한 상태들이 치매의 초기 단계로 잘못 진단될 가능성이 있다. 노인에게는 좋지 않은 건강과 신체적 쇠약과 우울증이 깊은 관련이 있다. 우울증은 노인에게서 지적 능력이 감퇴되는 모습으로 나타날 수도 있다. 이런 경우의 지적 능력의 감퇴는 항우울제 등의 적절한 정신과적 치료를 받으면 좋아질 수가 있다. 또한 정신적으로도 고독감이나 영세함을 덜어주는 방법을 강구해야 할 것이다.

12. Drug Misuse(약물오용)

약물의 오용은 노인들 중에 만연된 사실이다. 이는 의사의 오진과 잘못된 약처방, 그리고 환자가 잘못 사용하는 경우의 결과를 빚어진다. 인구의 17%를 차지하는

60세 이상의 노인들 중에 51%의 사망률이 약물 부작용에 의해 일어난다. 특수한 예를 든다면 여러 가지 증상을 함께 갖고 있는 노인이 치료를 받을때에, 그 약물이 서로 절대적인 효과를 낼 수 있다. 알콜 중독이나 수면제에 중독이 되어 있는 경우에 약물을 오용하기가 가장 쉽다.

도울 수 있는 방법은 복합적인 약물을 사용할 때 적절하게 잘 다룰 수 있는 노인의학 전문의에게 의뢰하는 것이 가장 적합하며, 의사의 처방전이 필요 없는 약이라도 개인의 임의대로 사용하는 일은 피해야 한다.

13. Ear Disease(귓병)

귀는 내이, 중이, 외의의 세 부분으로 구별되고, 내이는 청각신경의 말단을 이룬다. 세 부분 중 어느 부분이라도 고장이 났을 때 는 청각에 장애가 생긴다. 고막에 소리가 가는 것을 막게 되는 어떤 상태도 청각을 잃게 되는 원인이 될 수 있다. 가장 흔한 문제는 귀지가 꽉 찼거나 염증으로 인해 도관 조직의 부종으로 인해 오는데 이는 외이의 영향을 준다. 중이염의 잦은 원인은 물이 찼거나 내이관의 염증으로 인해서이다. 청각 상실은 외이나 중이의 전도성 상실로 인해서인데, 이유는 소리가 내이로 전해지는 통로에 영향이 있기 때문이다. 전도성 청각 상실은 종종 의사의 치료로 나을 수 있다. 노년에 중이의 문제로 생기는 청각 상실은 젊었을 때 생기는 것과 흡사하다. 가장 흔한 원인은 염증으로 인한 것이다. 염증으로 인해서 일어나는 중이의 청각 상실은 종종 수술로 고쳐질 수 있다. 내이의 손상은 너무 심하지만 않다면 적절한 청각보조기의 사용으로 교정될 수도 있다. 또다른 청각 장애는 내이의 손상으로 오는 것이다. 그것은 감각신경 청각 장애인데 종종 신경 청각 상실이라 불린다. 내이방에서는 소리의 파동을 받아들여서 뇌로 전달하기 시작한다. 대부분의 경우에 감각신경의 손상은 회복시킬 수가 없고, 청각 보조기로도 도움이 되지 않는다.

14. Eye Disease (눈병)

　　백내장, 녹내장, 반점 변질, 그리고 당뇨성 망막증은 노인의 시력 손실의 지도적인 4대 원인이다.

　　백내장은 전체나 혹은 일부분에 흐릿하거나 불투명한 범위가 렌즈에 생겨서 빛이 통과될 수 없게 된다. 그렇다 해도 수술을 하면 매우 성공적으로 치유될 수 있다. 내안 렌즈의 염증은 현재 통원치료로 하고 있고, 많은 노인 환자들이 잘 참고 있다.

　　녹내장은 안구 안쪽으로 너무 많은 양의 액체가 쌓여서 안압이 높아지고, 때로는 내적손상이 오는 것이다. 녹내장은 모르는 사이에 진행되기 때문에 초기에 발견하기가 어렵지만, 발병했을 때에는 약으로 치료하는 것이 상책이다. 그러므로 정기적인 녹내장 전단이 매우 중요하다. 망막 퇴화, 당뇨성 망막증을 포함한 망막의 장애는 노년에 급격히 상승한다. 망막은 눈의 뒤쪽에 있는데 이는 눈에 보이는 영상을 뇌로 전달해 주는 신경들로 구성되어 있다. 망막의 퇴화는 망막의 아주 세밀한 지각력을 거슬러서 방해한다. 당뇨성 망막증은 당뇨병의 결과로 올 수 있는 것으로 망막에 영양을 공급하는 작은 혈관이 터져서 피가 나옴으로 망막을 손상시키게 될 때 일어난다. 망막증의 초기에는 레이져 치료로 예방할 수 있고, 당뇨의 조절로도 방지 될 수 있다. 노인의 시력 퇴화의 70%를 차지하는 망막 퇴화증은 알려진 치료가 없다. 시력 퇴화를 회복시키는 길은 남아 있는 시력을 최대한도로 사용하는 것이 중요한 중재방법이다.

15. Mainutrition (영양 장애)

　　영양 장애란 영양이 과해서 넘치거나 또는 영양이 부족해서 결핍된 경우를 말한다. 노인의 비만의 경우 급격한 체중 감소는 권할 것이 못된다. 고혈압이나 당뇨병이 있는 사람들은 체중을 줄이거나 균형 잡힌 식이요법이 도움이 될 수 있다.

활동하기를 거절하거나 외로움, 우울 또는 불구의 이유로 인해서 오게 되는 영양 결핍이 의외로 많다. 심한 영양 결핍은 급성 정신질환과 발병을 일으키는 결과를 가져온다. 영양부족에 걸리기 쉬운 노인들은 균형 잡힌 식사를 유지하는 것이 중요하다.

1) 증상과 호소 요인

① 무호흡 상태 (Breathlessness)

무 호흡, 즉 호흡곤란 (Dyspnea)으로 알려져 있는데 심부전증이나 폐 질환이나 빈혈의 결과로 노인들에게 오는 흔한 증상이다. 특히 비만증이 있는 사람에게는 심하게 나타난다.

② 변비(Constipation)

아마 영양을 흡수하거나 배설시키는 아래쪽의 소화기관 중 어느 부분도 이같이 잘못 이해되어지는 부분은 없을 것이다. 많은 사람들이 아직도 대변은 매일 한 번씩 보아야 한다고 믿고 있는데 그것은 잘못된 생각이다. 모든 사람들이 매일 한 번씩이라는 예정대로 또는 꼭 배변의 필요가 있는 것은 아니다. 아주 건강한 사람이 규칙적으로 하루에 두 번씩 변을 보거나 또는 건강에 아무런 장애가 없이 2~3일에 한 번씩 변을 보는 경우도 있다. 그 중에는 더 긴 간격을 가진 사람도 있을 수 있다.

변비는 매일 배변해야 된다는 생각을 중심으로 정의를 내릴 수가 없고, 각 개인의 전반적인 배변방식에 따른다. 한두 번 변을 보지 못했다고 해서 크게 걱정할 것은 아니다. 며칠 후에는 대개 정상적으로 돌아오기 때문이다.

③ 실신(Fainting)

노인에게 있어서 실신은 여러 가지 순환성, 신경성, 또는 수술 등이 빈혈과 마찬가지로 그 원인이 된다. 조심스런 신경성의 조사와 전문의사의 충고가 필요하다.

④낙상(Falls)

사고는 사망을 가져오는 원인으로 점점 중요한 위치를 차지하고 있다. 노년에 집에서 일어나는 사고 중의 절반이 불구나 사망에 이르게 한다. 가장 많고 잦은 사고의 이유는 잘 보이지 않는다던가, 어지럼증, 진정제복용, 정신의 혼동, 또는 약물의 부작용 등의 원인으로 낙상하는 것이다. 이러한 사고를 방지하기 위해서 의학적인 돌봄과 재생시키는 간호에 첨가해서, 집에 층계가 있을 때에는 적절한 밝기의 불빛과 잡고 다닐 수 있는 난간을 설치하거나, 미끄러지지 않도록 적절한 카펫을 설치하는 것이 필요하다.

⑤ 피로(Fatigue)

피로는 어떤 경우에는 싫증의 증상이다. 만약 이것이 비활동적인 것과 부정적인 마음에서 온다면 확실히 우울증으로 볼 수 있다. 그러나 피로는 장기간의 질병에서 오는 증상일 수도 있다. 피로는 특별히 심장질환, 빈혈, 영양실조에서 나타난다. 그러므로 계속적인 피로는 의사에게 진단 받는 것이 바람직하다.

⑥ 불면증 (Inabilty to sleep)

잠을 못 이루는 것을 불면증이라 하는데 이는 여러 가지 신체적이거나 환경의 불편함, 또는 정신적인 타격을 받았거나 마음을 거슬리는 일들이 원인이 된다. 불안으로 고통받는 사람들이 잠을 못 이루고, 우울증이 있는 사람들이 밤새 뒤척이면서 잠을 자지 못한다. 불안이나 우울증은 노인에게 흔하지만, 어떤 이들은 불안이나 우울함에도 불구하고 충분한 휴식을 취하는가 하면, 어떤 이들은 외롭고 지루하기 때문에 저녁 일찍부터 잠자리에 들어가서 잠을 자고는 왜 새벽 일찍 깨어지고 다시 잠들 수 없는지를 이해하지 못한다. 그들은 나이가 들어감에 따라서 필요한 수면 시간이 줄어든다는 것을 모르고 있기 때문이다.

⑦ 식욕 상실(Lack of Appetite)

노인들의 식사 습관이 모두 다르지만 젊은이들과 마찬가지로 급격스레 식욕의 변화가 있을 때에는 이 증상을 의사에게 알리는 것이 바람직하다. 식욕 상실이나 식욕 부진(Anorexia)은 신체적으로 또는 정신적인 어려움이 있을 때 나타나는 증상이므로 철저한 진단 절차가 필요하고, 정신과적인 평가도 따르는 것이 좋다.

이러한 의학 상식을 숙지하여 언제 어디서든지 대하게 되는 노인들에 대한 전도 방법으로 삼는 것은 유익하되 한편 직접적인 노인 간호와 보살핌을 곁들이는 것은 더욱 중요하다. 필자는 1990년도부터 2003년도에 이르는 사이에 진료 전도에 따른 노년 전도에 관해 다음과 같은 글을 발표하였던 바,[96] 그 실제적인 면을 살펴보면 많은 노인들께서 오랜 지병을 앓고 계심은 물론 그 일을 제대로 말씀조차 못하고 속앓이를 하는 등 많은 심적, 육 적 불안요소를 안고 있으므로 의료봉사를 하시는 노인 치료 사역자 들을 물색 후 가정방문 형식을 빌어 문진, 영양주사 또는 진통 주사 주입, 정밀 검사를 요할 시 내원토록 안내하거나 입원 및 이동에 따른 편리한대로 안내를 해드림으로써 많은 호응을 얻을 수 있다. 앞서 언급한 것 외에도 육신의

---

96) Loc, cit., pp.356-361

불안감, 기타 건강 문제로 많이 허덕이는 현대의 노인들께는 사전에 대책을 수립해서 지속적인 신앙 관리할 것을 염두에 두어야 하겠다.

더욱이 요즈음 웬만한 병, 의원에서는 환자를 유치하기 위한 경쟁의 일환으로 진료, 검진 등을 무료 봉사를 하고 있는 형편이다. 필자가 시무하고 있는 교회에서는 S종합병원, E내과, H내과, W한의원, L치과의원, 그리고 이름을 나타내지 않는 서울시내 의료 대학생들이 13년간 의료 선교기간 동안 약 37,600 여명이 무료진료를 받았다.

노년 전도에 있어서 제일 큰 비중을 차지하는 분야로 여겨야 할 항목이라 하지 않을 수 없다. 그런데 평일에는 이뤄지기 힘든 점이 있어 조금은 불편하지만, 오히려 토요일이나 주일날 오후 등의 한가한 시간을 이용, 전교인의 봉사참여를 유도하여 볼 수 있어 한편 그 힘도 크다 할 수 있겠다.

매주일 주일 낮 예배에 참석율이 높아지고 있고 교회에서 제공되는 점심식사로 원만한 교제를 이루어 가는 점은 보다 효율적으로 영혼인도 관리상 밝은 비전을 안겨주고 있다. 어쩌면 오 갈데 없이 소외당할 수밖에 없는 연령층에 계신 분들이기에 더욱 마음에 상처받지 않도록 신중한 자세를 곁들이는 것마저도 전도의 한 방법이 되고 있다. 특이한 점 한가지를 발견하여 다음과 같이 적용하기도 하였다.

1) 한방과 추첨함 관리

누구나 우선하여 진료순서를 배정 받고 싶은 생각이 들 수 있다. 따라서 본 교회에 다니시는 분들께 순서 표를 우선 배정하고 싶은 마음이 들기 마련이다. 하지만 전도란 어느 누구에게나 기회를 제공해 드리는 법 아닌가? 따라서 끼어 들기식 순서 배정 또는 눈치 경쟁 속의 순서기록도 다른 이들에게 반감을 살 수 있는 방법이기에 내 교인, 네 교인 없이 고르게 순서 배정을 하는 방법은 오로지 추첨식 순서 배정 뿐 이라는 것을 뒤늦게 발견했다. 그러니 1번부터 참석할 수만큼의 번호들을 쪽지에 적어 함 속에 집어 넣어두었다가 진료시간 5분전에 맞춰 본인 스스로가 뽑아

들게 하는 것이다. 처음에는 불편한 듯 싶어 마음이 조마조마 해지지만 싫든 좋든 강행하는 제게 못이기는 척 추첨 표를 뽑아들 때마다 아쉬움과 환호성이 겹쳐 울려 퍼지며 희비가 결정되는 것이었다. 따라서 "기도 많이 하고 뽑으세요!" 하고 오히려 하나님께서 결정해주시는 일이란 점을 강조할 때마다 모두 수긍하고 만다. 그러니까 아침 일찍부터 와서 예배드리는 둥 마는 둥 하거나 예배시간에 빠져 나오기까지 하던 일과 아는 사람 이름까지 적어놓고 나 모른다 하는 사람들이 없어지고 각 사람이 자기 본 교회 예배에도 충실하게 드리고도 순번 결정에 오히려 안정적으로 순서를 배정 받는 일 등으로 모두 불안한 요소가 없어지게 된 점은 아주 특이한 일이었다.

더구나 바로 우리교회 교인들의 텃세부림도 아무런 효험이 없어지니 우리교회 성도들이 욕을 얻어먹을 필요가 없어지게 된 점 또한 특이한 점이 아닐 수 없다.

결국 추첨식 순서 배정은 희비가 엇갈리면서도 하나님의 뜻에 순종하는 분위기가 조성되어서인지 서로 간에 존중하는 듯한 교제가 이루어져 나가게 되었다. 서로 반목 질시하는 것은 없어진지 오래 이고 지금도 추첨식 배정을 기쁨으로 기다리면서 서로간에 정이 깊어진 것은 오직 하나님께서 내려주신 은혜의 한 방편이라 믿고 있다.

2) 한방과 문진 관계

한방과는 지금도 완벽한 시설을 갖추고 있지 않으나 진료받는 분들에게서 불편하다는 말을 들어본 적이 없을 정도로 시설보다는 질적인 진료면에서 만족하는 것 같아 보인다.

약 13년 전부터 무료 공부방에서 쓰던 칸막이 식 독서실 책상이지만 침대 cover를 만들어 덮고 진료 베게를 놓아 드리니 곧 바로 한방 침구가 되었다. 그리고 평일에는 cover와 베게를 치우면 학생들의 책상이 되고 진료 날에 맞춰 cover를 씌워두면 바로 침구가 되는 일석이조의 효과를 볼 수 있었다. 경우에 따라서는 격주마다 실시되는 내과 진료대로서도 이용되는 점은 빠뜨릴 수 없는 효과적인 요소라고 볼 수 있다.

아무튼 당시에 진료 봉사에 힘쓰시는 한의사 한분과 돕는 요원2명 외에도 매주 오후3시에 주일 찬양 예배를 인도해야만 하는 본인으로서는 매우 효율적으로 시간을 관리 해 나가야만 하기 때문에 앞서 기술한 것과 같이 추첨함을 통해 순서를 배정하면서도 새로이 오신 환자 분들은 한의사 도착 전에 미리 문진표를 작성해 갔다.

그래서 처음 진료 받는 분들의 성명, 주소, 가족관계, 병력관계 외에도 각종 내, 외과적인 생활환경 요인까지 샅샅이 파악하면서 자연스레 대화를 나누게 되니까 상담처리 되는 일이 앞당겨지는 이점이 있다.

목사라는 권위보다는 적어도 진료인 중의 한사람이라는 인식과 안도감 속에서 소상하게 자신의 형편을 밝혀 주시는 그 분들께는 모두 감사하고픈 심정뿐이고 그 중에는 개인 또는 가정과의 공감대를 이루는 일이 많아서인지 우리 교회에 나오게 되는 경우가 많이 생겨났다.

이렇게 새로운 환자들의 문진표를 작성한 다음에는 곧 오후3시 찬양예배를 인도하게 되더라도 뒤늦게 오시는 분 외에는 예배진행에 불편한 점이 자연 해소되는 기쁨을 맛보면서도 예배 때에 힘이 넘쳐나는 설교를 할 수 있게 된 점이 참 좋았다.

3) 순회 진료 전도사업

장기간 병석에 계신 분들께는 뛸 듯이 기뻐할 만한 전도 방법이다. 의료선교에 뜻을 가진 의료인과 함께 동행, 가정방문하면 자신들의 열악한 형편을 알아주는 의료진과 동행인들에 대해서 고마움을 잊지 못하는 것은 물론 생기를 되찾게 되는 중요한 전도의 한 방법이 되고 있다.

의료 장비란 혈압계, 알코올 스폰지, 영양제를 주입할 주사기 세트 외에는 다른 것은 오히려 불필요하게 보일 뿐이다.

간단히 문진·혈압체크·영양주사 주입 다음 장소와의 연락으로 진행되기 때문에 별다른 어려움이 없었다.

경우에 따라서는 음료수, 과일 등을 제공하려는 심정을 모르는 것은 아니지만 몇 마디 대화를 나누면 하루 진료 일정에 큰 차질이 생기게 되기 때문에 먹고 싶은 (?) 마음까지도 꾹 누르고 일어섰을 때 많은 환자들에게 고르게 도움이 갈 수 있게 된다.

정말 이제는 할말 좀 해야겠다. 어느 날 진료를 하려고 집집을 찾아 나서고 있을 때 응급차가 길가 잔디밭에 요란스럽게 와서 멈추더니 경찰 차를 타고 온 경찰 수사관들이 잔디밭에 투신자살한 사람을 조사하고 있지 않은가?

알고 보니 생활고에 시달리던 어느 노인이 아파트 옥상에서 투신, 결국 숨을 끊고 말았다는 것이다.

그 이후 어느 가정 순방 때에도 혼자 사는 분이 휴대용 부탄가스를 5~6개 모아 구멍을 뚫어 불을 붙여 자신과 인근 주민과 상가에서 일하시는 분들의 목숨까지도 잃게 만드는 일도 생겨나는 등 좀처럼 생활 빈곤 속에서 일어나는 여러 가지 사고, 사건을 잊을 수가 없을 것 같다.

지금도 우리 노인들과는 한 식구와 같아서 어느새 노인처럼 동화되어 가는 내 자신을 보면서도 아직도 노인들에 대한 전도는 끝 없이만 느껴 질 때가 많다.

매주 정기적으로 내과 전문의와 동행하면서 남기는 병상일지 형식은 다음과 같다;

• 홍○표(남, 89세) 가족 : 아내(여, 82세)와 함께 국가에서 영세민에게 지급하는 최저생계비수급

일시 : 2003. 3. 28(토) pm4:00

장소 : 하계9단지 00호

증상 및 처치 : 치매 및 중풍으로 인하여 wife에 대해 종종 공격적이면서 조울증에 시달려 오고 있으며, 고혈압 약을 계속 복용 중에 계신 환자로서 현재 혈압수치는 정상(140-90 mm Hg) 문진 후에 노쇠하여 기력이 무척 쇠하였음을 알고 오히려 대소변, 목욕시키기 등 간병하느라 허약해진 wife(여,82세)에게 Saluso-Brocanong 20 ml를 주사 주입.

병상전도: 종종 찬송과 기도를 함께 하면서 병간호에 주력할 것을 권유하고 환자를 위한 기도 후 퇴실.

• 장○재(여,82세) 가족 : 사위, 딸, 손자

일시 : 2003. 3. 28(토) pm4:30 장소: 하계 9단지 00호

증상 및 처치 : 우측 안면, 손, 발 쪽에 뇌졸중, 중풍이 오게 됨으로써 한마디 말도 못하신 채 코를 통해 soup을 드시고 계심. 전혀 허리를 들지 못하는 상태이며, 대소변을 받아내며 pad를 차고 계시는 등 하루 하루를 연명하고 계심. 고혈압 환자로서 한동안 고혈압 약을 중단하신 까닭에 뇌에 출혈현상이 생겨 마비가 온 것.

병상 전도 : 기도 · 찬송 · 설교 등을 알아들으시는 것을 알고서 현재 교회에 나가시다 중단하신 딸에게 ① 계속 교회에 나가실 것 ② 환자 옆에서 기도, 찬송 등 예배를 드려 주실 것을 종용함.

• 박○희(여, 54세) 가족 : 남편, 딸, 국비보조금 수급

일시 : 2003. 2. 28(토) pm5:00 장소: 하계9단지00호

증상 및 처치 : 선천적인 불구(소아마비)로 인해 배우자(57세) 사이에 딸 1명을 둠(전문대2학년생)심장판막증 환자이며 역시 소아마비를 앓고 있는 남편과 함께 외부 출입을 거의 하지 않고 계심. 영양 주사제 (Saluso-Brocanong 20ml & B-com 20 ml)주입

병상전도: 현재 형편을 충분히 감안하니 수시로 연락 바라며, 용기를 내실 것을 기도한 후 퇴실.

제 7 절 능력 전도 (Power Evangelism)에 의한 방법

우리는 종종 성도들을 바로 일깨우고 싶을 때에 특별한 성구가 기억에 떠오르지 않더라도 그의 몸의 어느 부분인가에 손을 얹고 두 눈 꼭 감고 간절히 기도하고픈 충동을 느낄 때가 온다. 특히 노년층에 계신 분들이 그러한 대상이라고 할 수 있다. 그들이 예전의 세상풍속에 살아 나온 탓에 더욱 그렇다.

그들에게는 그때그때 반갑고 무엇인가 드리고 싶은 심정에서 살다보니까 더욱 그러한 마음이 드는 것이다.

John Wimber는 미국교회성장 자문 역으로 교회성장의 전문가로 일하였으며, "능력전도"를 실제적으로 목회현장에 적용하기 위해 교회를 시작하여 많은 갈등 가운데서도 믿음으로 "능력전도" 방법을 통해 교회가 급성장하여 현재 아나하임 시에 있는 Vineyard Christian Fellowship 교회는 약 1만 여명이나 될 뿐만 아니라, 풀러신학대학교 세계선교 대학원에서 세계적으로 가장 저명한 교회 성장학자인 C.피터와그녀를 도와 조교수로서 「표적과 기사와 교회성장」 이란 과목을 가르침으로 한때 그의 반은 300여명의 수강자가 참여하여 풀러 역사상 가장 많은 수강자를 기록하기도 하였다. 존윔버는 이제 "능력전도"를 통해 전 세계적으로 교회에 영향을 미치고 있으며, 그의 책 「능력 전도」는 영국에서 다년간 베스트셀러 제1위를 차지하고 있음에서 우리는 그의 전도방법을 주목할 필요가 있다.[97]

프로그램전도의 형태는 조직적인 부흥집회, 전도지를 가지고 호별 방문하는 방법, 매스컴을 활용한 전도활동, 친구나 친척을 대상으로 하는 결연 전도 등 매우 다양하다. 그 형태야 어떠하든 이러한 전도활동의 과제는 그리스도와의 인격적인 만남을 위해 필요한 몇 단계의 절차를 사람들에게 알기 쉽게 제시하는 것이다. 한편 거의 모든 프로그램전도 방법이 복음에 대한 거부감은 본래 지적인 것이라는 가정을 기초로 하고 있기 때문에, 사람들이 제기하는 문제들에 대하여 신학적인 해답을

---

97) John Wimber ,능력전도, (이재범 역), (서울:나단출판사, 1991), p. 1

제시하는 일에 강조점을 두는 반면에 그 목표가 달성되었다 할지라도 그러한 회심 과정에는 하나님의 능력의 역사를 체험할 수 있는 기회가 결여되어있기 때문에, 사람들로 하여금 성숙한 믿음의 단계로 이끌기에는 한계가 있다고 보는 것이다.

프로그램전도에서는 "가서 모든 족속으로 제자를 삼으라"(마28:19)는 말씀에 따라 사람들에게 미리 준비된 내용의 복음을 선포하는 반면에 능력전도에 있어서는, 복음전도활동의 시기와 장소와 대상은 모두 성령께서 인도하시는 바에 따르게 되며, 특정 상황에 필요한 메시지를 그때마다 성령의 조명하심에 의해 받아서 전하게 되며, 프로그램전도에서는 "말씀대로 나아가오니 성령께서 축복하고 인도해 주시옵소서"라고 말할 수 있는 반면, 능력전도에서는 "성령께서 인도하시는 대로 나아갑니다"라고 말하게 되고, 또한 미리 준비된 메시지가 아니라 순간 순간 성령의 인도하심에 의지하여 복음을 전해야 하므로 말씀증거에 나설 때의 두려움은 물론, 무엇을 말해야 할 것인가의 문제 자체가 커다란 불안감을 느끼게 하지만, 하나님께서 말씀하시는 대로 우리가 행한다는 자세로 임하게 된다는 점에서 새로운 형태의 프로그램 – 능력전도가 그 촉매 역할을 하는 – 이 계발되어 실천에 옮겨지기를 바라지 않을 수 없게 된다.[98]

와그너는 Frontiers of Missionary Strategy (기독교선교전략)에서 ①현존전도(presence evangelism) : 마5:16의 이웃에 대한 착한 행실 곧, 선행전도 ②선포전도(proclamation evangelism) : 복음을 선포하여 결신을 하게 하는 일(롬10:14-15). ③설득전도(persuasion Evangelism) : 결신의 단계에서 하나님의 말씀에 관한 기초적인 내용들을 배우고, 인생의 전 영역을 지배하는 기독교적인 삶의 양식을 체득하고, 세상에 나아가 하나님의 일을 수행할 수 있는 능력을 갖추는 일로서 그는 이 방법을 가장 바람직한 것으로 본다.

따라서 믿기로 결심한 사람들의 영적인 성장을 계속해 나아갈 수 있기 위해서는

---

98) Ibid., p.82-83
99) Ibid., pp. 83-84

단순히 지적인 동의로는 불가능하므로 그리스도의 임재와 능력만이 현존전도에서 선포전도로, 또한 선포전도에서 설득전도로 나아감에 있어 촉매의 역할을 할 수 있는 것이 바로 능력전도-표적과 기사를 통해 하나님의 능력을 드러내는 전도방법-인 것이다. 왜냐하면 능력전도에 있어서는 사람들을 괴롭히고 있는 각종의 문제들-질병, 죄악, 귀신들림 등이 밝혀짐과 동시에 성령의 능력에 의해 극복됨으로써, 복음의 메시지가 사람들의 영혼에 깊이 아로새겨지면서 진정한 회심을 가능하게 하기 때문에 눅7:22의 하나님나라의 능력을 드러내는 일을 통해 세례 요한에게 확신시키려 하셨던 메시야로서의 예수님이 4복음서의 모두 3,774개의 절로 구성된 것 중에 12%에 해당되는 484개의 절이 다시 육체적, 정신적 질병의 치유나 죽은 자를 다시 살리신 사건[100]을 확인 시켜 주신 것이다. 이러한 사실은 요한의 제자들에게(눅7:22)와 하나님의 약속의 성취된 것으로 복음전도하면서 하나님의 능력을 드러내었던[101] 초대교회의 전도활동에서 입증되었다.

우리가 이러한 능력을 덧입음에 있어 가장 큰 장애물 이 되는 것은 믿음의 부족[102]이라면 "성령을 받으라"(요20:21-22)고 하신 주님께서 "나를 믿는 자는 나의 하는 일을 저도 할 것이요 또한 이보다 큰 것도 할"(요14:11-12)것이라고 말씀하셨던 점과 바울에게서 나타났듯이 고린도에서는 전도방법을 바꾸어 복음 선포와 아울러 성령의 능력을 드러냈기[103]에 더욱 그 전도 방법의 실효성을 확실히 할 수 있다.

"형제들아, 내가 너희에게 나아가 하나님의 증거를 전할 때에 말과 지혜의 아름다운 것으로 아니 하였나니… 내 말과 내 전도함이 지혜의 권하는 말로 하지 아니하고 다만 성령의 나타남과 능력으로 하여 너희 믿음이 사람의 지혜에 있지 아니하고 다만 하나님의 능력에 있게 하려 하였노라" (고전 2:1,4,5)

1) 능력전도의 적용 방안

---

100) Ibid., pp. 84-85
101) Ibid., pp. 85-86
102) Ibid., p. 86
103) Ibid., p 86

① 대상 : 노년층에 계신 분들을 우선한 전체성도

② 방법 : 평상시 꾸준하게 목회자가 목회 적인 확신이 있고 안정된 면을 보일 때, 그리고 매주 금요일 심야 기도회 (또는 저녁기도회)때에 적용시킬 수 있다.

먼저, 1부 예배를 숨겨진 죄를 발견하여 회개시키는데 주력한다. 성경은 누구나 죄 앞에서 자유롭지 못하다는 것을 선언하고 있다. 더구나 한 주일을 마감하는 시점에서는 더욱 그러하다. 그래서 죄를 지적 않고 축복적인 면만을 강조한다면 온전한 성도의 생활을 보장받기란 힘들어질 수밖에 없다. 따라서 육 적, 영적인 질병과 마음의 여러 고통과 하나님 앞에서 막혀있는 여러 문제를 겸허하고 진정 통회하는 마음으로 하나님 앞에서 막혀있는 여러 문제를 겸허하고 진정 통회하는 마음으로 하나님 앞에서 해결 받아야 하리라고 본다.

③ 실제사항;
a. 박ㅇ례(여, 80세, 권사)는 얼마 전에 근처 산에 약수를 길러 가던 중 약수터 밑 아파트 주차장을 지나게 되었다가 갑자기 후진하던 차에 받쳐 정신을 잃게 되었는데 가까운 정형외과의원에서 입원 치료한지 불과 3주일이 지날 즈음 완쾌하지 못한 몸을 이끌고 금요기도회에 참여 하였다. 목회자는 1부 예배설교 끝날 때에 맞춰서 몸이 아플 때는 아픈 곳에 손을 대고 기도 할 것과 마음에 소원하는 일은 가슴에 두 손을 꼭 쥐고 기도할 것을 알려준 뒤 각자 통성 기도하게 한 후에 곧 강단 앞에서부터 개인을 위해 평소에 목회자가 성도를 향해 지녔던 마음 자세로 머리에 두 손을 얹고서 간절히 기도했다. 기도 받는 자가 같이 간구 하면 그 분의 머리에서 뜨거운 기운이 솟아오르는 것을 느끼게 되고 기도 받는 자가 냉 냉한 마음을 먹으면 그 분의 머리가 냉냉하고 무언가 단단한 물체에게서 느껴지는 촉감이 전달해 온다.

그 날도 박 권사에게서 기도 전달 감이 충분히 오는 것으로 느꼈는데, 3~4일이

지난 새벽기도회 후 공개적인 기도제목을 알리는 시간에 일어서서 "목사님의 기도대로 제 딸과 제가 거뜬히 낫게 되어 감사합니다. 기도해 주신 덕분이 아닐 수 없습니다."고 하였다.

필자는 그때, "감사와 찬송은 하나님께서만 받으셔야 하고, 누구나 기도하면 제일 가까이서 듣고 계시는 하나님께서 그 응답과 도우심을 베풀어주십니다."고 답변했다.

가끔씩은 서로의 기도제목을 한마디씩 털어놓게 하여 서로 간에 기도할 수 있도록 한 뒤, 목사는 안수 기도 시에 그 분의 내놓은 기도제목을 힘차게 하나님께 부르짖어 기도해 준다. 목사의 안수 기도 시에 얼마만큼 간구 하느냐에 따라서 기도 받은 성도의 간절한 마음이 열리느냐가 결정되기 때문에, 목회자가 이점을 간과해서는 안 된다는 점이다.

b. 한ㅇ환(여, 80세, 권사)은 가정 형편상 두 곳의 교회에 동시에 다닌 경험이 있으시기에 항상 조마조마한 마음으로 지내시고 계신 모습이 얼굴에 역력했다.

그러나, 주일 낮 예배 시에 상 강단에 가운을 입고서 마이크 앞에서 기도하게 했더니, 주일오후에 성경공부를 마치고 귀가할 때에 여러 사람 앞에서 환한 얼굴 모습으로 "목사님이 강단에 나와 기도하라고 해서 집에서부터 많이 고민하였는데 막상 기도한 후에 몸이 그렇게 허리를 못 들고 온몸이 아파서 움직이기도 싫었는데 이제는 거뜬히 나아 아무렇지도 않다."며 자랑스럽게 말하였다는 것을 들으신 여러 성도들과 사모가 말을 전해줬다.

목사가 평소에 한 권사는 나을 사람으로 확신이 올 뿐만 아니라 그 분 자신보다 더 어려운 사람을 위해 희생 봉사하실 것을 늘 염두에 두고 기도해 왔는데, 하나님께서 저의 마음을 알아주셨을까 그분에게서 그런 간증이 나온 것을 하나님께 내심 감사 드렸다.

c. 최ㅇ훈(남, 22세, 군복무중)은 평소에 생활 환경에서 오는 고민 중에 지냈다.

중국에서 현재 선교하시는 부모님들과 달리 우리교회 근처에서 두 남동생과 살고있는 주일학교 교사인데, 동생들과도 마음이 맞질 않는 부분도 있어 왔었고, 자신의 일에도 집중할 수 없었던 관계로 늘 새벽기도회 등에 불참해서 늘 목회자의 염려 대상이 되어 왔었다.

그러다가 1대1 제자 양육 반 성경교사로서 활용할 필요가 있어 주일오후에 교사들만을 위한 성경공부를 지도하던 중 성경 적인 접근을 통해 자신의 고민이 많이 풀어진 것을 계기로 새벽예배 및 매일 저녁기도회에 참예 하는 일수가 많아졌다. 더욱 놀라운 것은 그가 새벽기도회 시작 전부터 교회에 1~2시간 이상 일찍 와서 통성 하며 간절한 마음으로 자신의 깨우치지 못한 점을 고백하고 "이제는 새로워졌다!"고 외치면서 기쁨으로 감격스럽게 기도한다는 사실이다.

목회자는 늘 그에게 하고 싶은 말이 많았었다. 그래서 지금 그가 젊으니 만큼 한가로울 때에 기도의 힘을 통해 살아줬으면 하는 마음으로 설교를 전했고, 아울러 금요기도회 때에 그런 마음 들게 해주실 것을 간구한 결과대로 그는 변화되어 있었다. 지금은 주일학교 교사, 성가대원, 경로식당 봉사자, 성경공부 지도자 외에 크고 작은 심부름에는 그가 목회자의 오른팔과 같이 힘껏 도와주고 있다는 사실이다. 물론 그의 두 동생간에도 화목을 이루고 있고, 늘 동생들을 위한 기도 제목을 최우선 하여 살아가는 가장 아닌 가장으로서 새롭게 변화되어 주위의 부러움을 사는 인물이 되었다는 점이다.

여기에서 설득전도에 이르기까지 수년씩 걸려왔어도 정작 성도 본인 자신이 변하지 않으면 안 되겠기에, 목회자는 평소 깊은 관심을 갖고서 그 한 분 한 분을 대하며 기도, 공개적인 신뢰감회복, 성경공부 등에서 나타난 하나님의 능력을 힘입게 만드는 일이야말로 교회와 성도 자신의 유익을 위해서는 물론이고 오늘날 모든 성도들이 대내외적인 하나님의 일군으로 살아가야 하는 시대적인 당위성과 함께 능력 받고 변화되는 일에 있어서는 더욱 계속적인 그 필요성을 느끼게 된다는 점이다.

2) 능력 전도에 따른 예배 설교요약을 다음과 같이 활용해 봄도 유익할 것이다.[104)

(본문 : 행 6:1-4) (제목 : 섬기는 일군)

교회 일군의 자격 모두가 영적인 자질들이며 사람들의 영적인 성숙도에 초점이 맞추어져 있다. 이러한 주의 일군은 누구일까?

① 칭찬 듣는 사람: 좋은 소문, 평판, 선한 증거를 지니고 성실함과 충성됨을 신뢰할 수 있으며 도덕적이고 올바르며 모든 이들의 신임 받는 자이어야 한다. (고후 8:18, 딤전 3:8-9).

② 성령이 충만한 사람: 자신 안에 그리스도께서 내주 하심과 성령의 열매로 채워져 있음을 인식하는 자 (갈 5:22-23, 엡 3:19)

③ 지혜 있는 자 곧 분별력, 통찰력, 판단력 있는 사람(고전 2:12-13, 약3:17)

그렇다면 어떻게 주님을 위할까?

A. 주님을 섬길 이유?

a. 그리스도께서 친히 본을 보이셨으므로 (마 20:28, 마 23:11-12)

b. 하나님을 기쁘시게 하는 것이므로 (롬 14:17-19)

B. 주님을 섬기는 방법은?

① 마음과 성품을 다해(수 22:5), 목숨을 돌보지 않고 (빌 3:20)

② 기쁜 마음 억지로 말 것 (시 51:12)

③ 인내로 하는 마음: 당한 시험, 환난 참으며 자원하는 마음, 주의 부르심에 자원 (사 6:8), 기쁘게 섬김(대상 28:9)

C. 섬김의 결과는?

① 주의 사랑을 받음: 귀히 여기심(요 12:46)

② 선을 베푸심(애 3:15)

---

104) 최병국, op. cit ., pp. 46-48

③ 축복을 입음: 복을 누림(사 40:31), 영생을 얻음(요 10:28)

④ 보호하심: 견고케(시 40:2), 눈동자같이(신 32:10)

⑤ 구원 얻음: 환난에서(계 3:10), 천국소유(마 25:34)

D. 한편, 다음 본문과 설교요지도 참고해 보자.

a. 눅 10:25-37 (예수님께서 원하시는 참된 이웃은 누구인가?)

선한 사마리아 사람의 비유 속에서, 확실히 우리는 '이웃'이 누구인가를 찾아볼 수 있고, 또한 나 자신이 누구의 이웃이 되어야 하는가의 문제에 대한 답변도 찾아 볼 수가 있다면?

1) 제사장입니까? 2) 레위인입니까? 3) 어떤 사마리아인입니까?

① 기름과 포도주로 ② 부축하여 자기 짐승에다 ③ 이튿날 두 데나리온 외에 더 갚겠다고 약속

사실 본래 강도 만난 자는 다름 아닌 바로 나 자신이었는데, 예수님께서 선한 이웃이 되어 이 땅에 오사 우리의 상처를 싸매어 주시고 치료해 주신 이 사실을 깨닫고, 이제는 내가 어떤 사마리아인처럼 선한 이웃이 되어, 우리 동네의 강도 만난 자들의 이웃이 되어야 할 것이다.

b. 렘 31:10-14, 눅 15:1-7 (영혼 구원)

1. 선한 목자이신 예수님을 알아야 한다. (시23:1-2)

2. 영혼을 사랑하는 마음을 가져야 한다.

3. 영혼을 찾는 열정이 있어야 한다.

4. 전도의 상급을 알아야 한다.

어떠한 메시지를 활용할 때에는 저술된 내용보다도 성령님의 능력을 받아 분명한 확신이 설 때까지는 전달하지 않겠다는 의지가 중요하다.

---

105) Ibid ., pp. 48-54

따라서 많은 기도를 통해 확신에 차 있어야 능력 있는 말씀으로 선포되고 능력
전도에 대한 변화의 역사가 이루게 될 것이다.

제 8 절 전도학교를 통한 방법

평3주5의 매년 성경 완독도 중요하지만, 「매일전도성경학습」이라는 슬로건을
걸고 전도와 성경연구에 있어서 교육과 훈련을 통한 효과를 거두는 것이 바람직하
다.

전도학교는 다른 어느 교육과정보다도 심도 있게 전개해 나아 가야할 성도들의
필수 프로그램이라고 여겨도 무방하다.

여기에 대체로 12주 전도훈련 과정을 두어 3개월마다 전도학교를 수료하게 해
본다.[106]

매주 월요일, 주로 교역자와 사모 또는 교회성도나 직분에 유무 없이 누구든지
참석할 대상자로 접수받고 오전 10시부터 12시 사이에 전도에 대한 교육을 한 후에
되도록 간식(또는 중식)을 교회에서 무료로 제공하는 것도 교회의 이미지 효과도 동
시에 거둘 수 있으며, 이러한 전도학교 과정에는 좀더 보완해야 할 많은 과제들 유
인물, 소책자, 프로젝터를 이용한 영상교육, 찬양·율동을 곁들인 전도에 대한 기
분 전환, 현장 경험담 소개, 전도 성공한 교회탐방, 기타 여러 전도자료 수집 등을
최대한 활용해 보는 것이다. 여기에는 노년전도의 활성화를 모색하는 데에도 큰 도
움이 될 것이다.

최정성은 다음과 같이 12주전도 교육과정을 나열하였다.[107]

---

106) 최정성, 12주 전도훈련 핸드북, (서울:도서출판 예향, 2001년), pp. 9-157
107) Ibid ., p. 5

시 간	교 육 과 정
제 1 주	전도의 동기와 목적
제 2 주	전도의 성서적 근거
제 3 주	전도할 복음의 내용
제 4 주	전도자의 자세와 준비
제 5 주	전도자의 자격과 방법
제 6 주	전도의 방법 (1)
제 7 주	전도의 방법 (2)
제 8 주	전도의 방법 (3)
제 9 주	전도훈련의 원칙과 대상
제 10 주	새신자란 무엇인가?
제 11 주	새신자 양육의 성경적 원리
제 12 주	새신자 양육의 공적 원리

필자의 교회에서도 정기적으로 전도교육 프로그램을 작성하여 시행하고 있는데 그 예로 매주 화요일과 목요일 양 이틀동안에 오전10시~12시 사이에 교육과정을 실시, 전도학교 학생들을 수시로 모집하고 있으며 모든 직분자들에게 본 과정을 이수할 것을 장려하고 있다. 대개 성도들의 경우에는 전도에 있어서 관심을 적게 표명하는 분위기라서 이러한 감을 시급히 최대한 역 전환시킬 필요가 있다. 때로는 좋은 상품, 수료장, 여행시키기, 내년도 직분자 내정 등을 활용하여서라도 반드시 전도학교를 거쳐야만 한다고 강조하는 일이다.

지교회의 특별한 사정이 있다면 수요저녁예배 후에나 목, 금요일 중에 활용하는 것도 바람직하다고 본다.

전도는 부끄러움도, 두려워할 것도 아닌 우리 성도들의 의무이자 권리로서, 주님의 지상과제를 위임받고 있는 것이다.

황을삼은 우리가 전도해야 하는 이유 12가지와 함께 지혜로운 전도방법들을 도합 18가지로 나누고 있고 저도 현장에서의 지혜로운 대처를 12가지 등으로 나열하는 등 구체적인 전도사례를 들고 있다는 점[108]에서 전도학교 교육과정에서 다뤄볼 사항으로 본다.

---

108) 황을삼, 전도학교, (서울:도서출판 예향, 2001), pp. 25-41

시중에는 전도 특강, 세미나를 통해서 전도에 대한 도전감을 심어주는 과정들이 많이 나와 있다. 그러나 전도학교를 속에 메이지 않고 수시로 개발하고 적용해야 할 성도들의 상급이자 생명줄이요, 영원한 축복으로 존재하고 있으면서 하나님의 자녀로서의 특성이라는 점을 간과해서는 안된다는 것이다.

또한 월요일에는 전도 특강을 갖고, 목요일에는 교회 근처에서 꾸준히 노방전도를 한다면 매우 큰 실효를 거둘 것이 분명하며 목요일 전도의 성과는 서울광염교회 등에서 11년째 담임목사를 중심으로 시행되어온 가운데 그 성과가 입증되고 있다는 점에 착안해 볼 필요가 있다.

대체로 전도 교육은 현장 사역에서 그 결실을 거둘 수 있기에 현장과의 연결을 중요시하고 있다.

따라서, 다양한 전도 방법론을 서술한 책 등을 참고하면 더욱 효과적이다.

이러한 저작물은 전도의 다양성 못지 않게 결과적으로는 승리하는 비결을 제시하고 있음에서 볼 때 전도를 통해 '그들(Whole men)은 우리의 밥' (민 14:9)이 되어져 간다.

제 9 절 영적 메시지에 의존한 방법

J. Stott는 그리스도인 복음 전도자가 갈망해야 할 사람들의 반응은 믿어 순종케 되는 것이며, 그리스도를 인정하는 믿음은 또한 그리스도께 굴복하는 믿음이자 새로운 삶을 살게 될 것을 기대하는 것으로서 분명 성령께서 바로 그 분의 말씀을 전하는 방법에 있어서 우리는 복음을 해석하고 설명하는 일에 충실하되 하나님과 화목 되게 해야 한다고 그의 책에서 밝혔다.[109]

Michael Green은 초대교회는 3가지의 관심을 가지고 있는 승리하며 회심 자를

---

109) John Stott, Our Guilty Silence, (존 스토트의 복음전도, 김성녀 역), (한국기독학생회출판부, 2001), pp. 63-65

잃어버리지 않는 교회의 모습을 지닌 것으로 설명하는데, 첫째는 새 신자들에게 관심을 갖고서 오늘날의 제자양육 및 관리에 힘쓴 안디옥 교회의 성경공부 모임을 들고 있으며(행 11:23), 굶주린 자들과 가난한 자들에게 관심을 보여 상당한 금액의 기부금을 모아 필요한 때에 예루살렘 교회에 보냄으로써 형제에 대한 예수님의 복음의 성공을 이루었고, 그들은 복음을 전혀 듣지 못했던 자들에게 관심을 가졌기에 먼 지역을 행해 위대한 지도자 가운데 바울과 바나바 두 사람을 초대 선교사로 파송하여 가능한 한 많은 사람들에게 복음을 전파할 수 있도록 했다.[110] 더구나 활기찬 예배를 드렸던 교회, 자기 교회 밖을 내다보는 교회로서 사려 깊은 가르침에 탁월했으며 뜨거운 정열을 가졌다고 평가했음에서 알 수 있듯이 오직 예수님을 위한 열정을 소유하는 것, 이것이 바로 전도하는 교회의 가장 중요한 비결이다고 보는 관점을 재확인할 필요가 있다고 본다.

캘리포니아주 오렌지 카운티에 있는 새들백 밸리 공동체 교회의 담임목사 Rick Warren은 예배를 통한 전도(요4:24)에 대해 열두 가지의 신념을 이렇게 말하고 있다.[111]

1. 믿는 자만이 진정으로 하나님께 예배드릴 수 있다.

2. 하나님께 예배드리기 위해서 반드시 건물이 있어야 하는 것은 아니다.(행 17:24, 마 18:20).

3. 올바른 예배 '형식' 이란 것은 없다.(요 4:24).

4. 불신자들은 믿는 자들이 예배드리는 것을 관찰할 수 있다.

5. 하나님의 임재가 느껴지고 선포되는 말씀이 이해가 된다면 예배는 불신자들에게 있어서 강력한 전도가 되는 것이다.(행 2:6,11, 요 4:23)

6. 하나님은 우리가 예배에 불신자들이 참석했을 때 그들의 두려움과 필요와 그

---

110) Michael Green , Evangelism - Now and Then, (초대교회의 전도, 김경진 역), (서울:생명의 말씀사, 1998), pp. 43-46
111) Rick Warren, The Purpose Driven Church, (새들백교회 이야기, 김현회 · 박경범역),(서울:도서출판 디모데, 1997), pp. 270-280

들이 싫어하는 것들에 대해 민감할 것을 기대하신다. (고전 14:23, 고전
10:32, 골4:5)

7. 구도자에게 민감한 예배가 되기 위해서 깊이가 없을 필요는 없다. 설교의 메
시지를 타협할 필요는 없으며 단지 그들이 이해할 수 있으면 된다.(행
20:27).

8. 믿는 자들과 불신자들의 필요 사이에는 많은 공통점이 있다.

9. 예배는 그 목적에 맞게 만드는 것이 가장 좋다.

10. 구도자 중심의 예배는 개인 전도와 함께 병용하기 위한 것이지 그것을 대신
하기 위한 것은 아니다.

11. 구도자 예배의 형식을 고안하는 데에는 정해진 방법이 없다. 구도자 예배에
서 타협할 수 없는 것은 (1) 불신자들을 사랑과 존경으로 대하라. (2) 그들의
필요에 연관성 있는 예배가 되도록 하라. (3) 실제적이고 이해할 수 있는 방
법으로 말씀을 전하라. 다른 모든 요소들은 교회가 매달릴 필요가 없는 부차
적인 문제들이다.

12. 구도자에게 민감한 예배를 드리기 위해서는 이기적이지 않고 성숙한 신자들
이 필요하다. (고전 14:19-20, 마 20:28)

이상과 같은 그의 글에서 알 수 있는 것은 구도자 예배에서 아직까지도 설교는
가장 중요한 요소라는[112] 것이다.

필자는 이와 비슷한 견해를 갖고 매일 4차례, 오전0시, 5시, 11시 그리고 오후 8
시 언제나 교회 문을 개방해 놓고 영적 양식을 공급해 드리는 교회로서 노인 계층
의 많은 분들이 이 예배에 참여하는 것을 직접 경험하였다.[113]

이런 예배를 준비하는 과정에서 시간과 생활을 모두 주님께 맡기지 않으면 안
되었고 오로지 성경 속에서 하나님의 말씀을 경청하지 않을 수 없었던 것이다. 그

---

112) Ibid., p. 343
113) 진삼웅, op . cit ., p. 365

새로운 시도에 걸맞게 하나님의 도우심은 역력하셨기에 목회자인 제 자신에게서 피곤함을 모른 채 계속 이어지는 세미하신 하나님의 음성이 기다려지게 된 것이다.

만2년이 지난 지금에도 하루에 3번 이상 교회를 개방하여 기도원과 같이 예배와 기도 그리고 상담해 드리는 것을 원칙으로 삼고 있다.[114]

예배는 전도를 위한 산실 역할을 해주었다. 왜냐하면 예배를 설교준비에 따른 기도를 드리다가 보면 전하는 자인 설교자에게 그 말씀이 적용되기 때문이다.

특히 신약 전체를 마치고 구약 여호수아에 이르기까지 연속 강해 설교를 하게 된 점은 바로 이렇게 매일 여러 차례 예배시간을 갖음으로써 가능할 수 있었다. 이것은 주일 낮 예배, 수요예배, 금요기도회 때에도 예외가 없이 연속적으로 강해적인 성경공부 또는 설교를 할 수 있도록 만들어 주었다.

성도들도 미리 성경본문을 읽어본 다음 참여 하니 예배가 항상 진지하면서도 살아있는 영적 분위기를 가져다주었다. 목회자는 항상 하나님의 말씀을 묵상하고 자신과 성도들에게 적용시킬 때 가장 만족스럽다. 때로는 소속된 총회부흥사회의 부흥사 다운 기질을 발휘해 볼 수 있는 기회로 삼으면서 언제나 하나님의 원하시는 예배와 설교를 전하는 모습을 그려보게 되었다.[115]

그러나 영적 메시지에 있어서의 고른 분배도 필수적인 요소가 된다. 무한대의 축복을 빌어 주는 제사장 적인 설교에 치중하기에 앞서 삶의 과정에서 치유되어야 할 회개를 통한 회복을 중시하는 선지자적인 메시지를 성경에서 충분히 채득하여 주는 것은 오히려 현시대에 살아가는 성도들에게 죄악을 분해 해주는 변화된 삶을 제공해 주는 것이었다. 왜냐하면 아직까지도 우리들은 하나님의 말씀에 의한 순종과 희생적인 섬김의 도리를 사는 일이 계속 요청되어져 오고 있기 때문이다.[116]

이렇게 영적 메시지에도 주로 축복만을 위한 축복 설교보다는 회개를 통한 실천적인 메시지를 보다 많이 활용하여 노년 계층의 고유한 삶의 적응 생활로 유도하

---

114) Ibid ., p. 365
115) Ibid ., p. 365
116) Ibid ., p. 365

는, 변화를 추구하는 삶이 강조되어야 한다는 것이다.

이에 맞춰 현시대적인 맹점을 찾아가면서도 내세에 대한 소망을 굳건히 확립시켜주는 기도와 전도생활 그리고 교회 안의 각종 봉사와 기타 예배 모범들을 확실하게 인식시켜 주어야 하겠다.

이러한 모든 노력은 인생 말기에 처해 살아가는 노년들에게 참으로 시급하면서도 반드시 삶을 정리하는 차원에서는 어느 계층보다도 절실하게 요청되는 일이 아닐 수 없다.[117]

따라서 성경 해석과 설교에 있어서 전달하는 자의 남다른 희생이 요구된다. 성경 주해와 함께 문화와 역사를 정확히 가름해 줄 수 있는 시안이 필요로 하는 말씀의 대언자가 되어야 하기 때문이다.

제 10 절 구제 봉사를 통한 노년 전도방법

구제의 대상자들 가운데에는 백성 · 과부 · 7,8인 동족 · 성도 · 가난한 자에게서 찾아볼 수 있다면 구제할 물건을 재물 (눅 16:9, 행 11:29-30), 곡식 (잠 22:9), 음식 (눅 11:41), 돈 (롬 15:26), 냉수 (마 10:42) 외에도 많이 들 수 있을 것이다. 구제할 수 있는 자격자라면, 경건하고 하나님을 두려워하는 자 (행 10:2)외에도 죄악을 끊는 자 · 마음이 강퍅치 않은 자 · 선한 눈을 가진 자 · 공의를 행하는 자 · 손을 쥐지 않는 자 · 은혜를 받은 자 등으로 모든 성도들을 통해 이웃에게 시행되어야 한다. 왜냐하면, 그것은 여호와께 꾸어주는 것과 여호와의 명령이자 예수님도 행하셨기 때문에[118] 성도를 위한 같은 마음의 정성으로 시행할 때에 노년전도의 큰 성과 나는 것을 볼 수 있다.

특히 구제할 때의 주의할 일[119]은 인색하고 부득이한 마음으로 하지 말 것, 이익

---

117) Ibid ., p. 365
118) 조두민 편, 성경이구대사전, (서울:선광문화사, 1981), p 235

을 받으려 하거나 가난한 자를 이용하여 사욕을 취하려 말 것과 무질서로 원망하지 않도록 하며, 있는 모든 것을 구제할 지라도 사랑이 없으면 아무것도 아닌 것(고후 9:7, 신 15:10, 고후 9:7, 레 25:35-36, 요 12:5, 막 14:5, 마 26:19, 행 6:1, 고전 13:3)을 염두에 두고 진정되고 겸손히 주님과 교회의 건덕을 세워야 할 것이다.

박찬호 교수는, 1970년대의 목회 활동은 주로 리더자 한 명의 독주에 맡겨진 교회 운영을 하던 중 1인 체제의 고달픔을 겪어야 했고 1980년대는 팀웍(Team work) 사역을 중심과제로 삼아 운영되어 왔으나 부교역자를 여전히 장악하는데 따른 불합리한 협조 체제가 계속되는 가운데 극히 약진할 수밖에 없었고, 1990년대 전반기에 들어서서는 리더쉽 (leader ship)을 강조하는 목회 활동에 주력하여 왔으나 개별적인 독창성 때문에 오히려 성도들이 따라다니는 격이 되고 말았다는 것이다. 다시금 1990년대 후반기에 들어서서는 멘토링 또는 상담심리학적인 면으로 교인들과의 친화로운 상호 협력 또는 먼저 상대방을 세워주는 상호목회 활동을 전개하게 되었다[120]고 말하고 있다.

필자의 견해로는, 물질적인 구제는 선별적인 차원에서 베풀고 지속적인 구제 즉, 상대방을 위해주는 친화력 있는 목회활동은 끊임없이 베풀어져야 한다고 본다.

실제적인 예를 들면, 필자의 교회는 예산부족관계로 인해 직·간접적인 후원 단체(정동제일교회, 은명 마을 공동체 등) 에 힘입어서 근 14년간 이상 불우 노인들과 소년소녀 가장들에게 구제금 이나 장학금 명목의 성금을 지급해 오고 있다.[121]

대체로 어렵게 살아가는 이웃들에게 매월 또는 매년 정기적으로 두 차례 이상 구제금이 지급되는 것을 지켜보면서, 그들에게 커다란 희망과 힘으로 남아있음을 알 수 있었고, 그들 중에는 교회 일에 상당히 적극적이면서 진취적인 성격의 소유자들을 많이 만날 수 있었다는 점이 큰 결실이었다고 본다. 그들도 누구나 겪는 잠시간의 어려움 가운데 있었던 것만은 사실이나 뜻하지 않게 도움의 손길이 찾아 들

---

119) Ibid ., p. 236
120) 박찬호, 웨스터 민스터 신학대학원대학교, 3월초 특강 Th. M 특강중에서 발췌
121) 본서후면 부록 참조

어서 희망에의 눈을 뜨게 됨과 동시에 그들 못지 않게 도움 베푸는데 힘쓴 여러 교역자나 교회 안의 성도들의 노고는 정말 값진 결과를 남긴 셈이다.

말씀 전파와 사회 구제·봉사, 이를 두고 동전의 양면성이라고 언급하는 이유는, 바로 저들에게 대한 영혼 구원의 목적과 함께 그들의 영혼을 인도하는 최상의 방책이라고 여겨지기 때문이다.

11년 전부터 교회 전체헌금의 30%를 사회 구제비로 쓰던 그 개척 교회가 오늘날 600여명이 넘는 교인 수를 자랑하는 교회가 되었다는 사실만을 보아도 목회의 부흥성장의 비결은 "이웃을 네 몸과 같이 사랑하라고 하신 예수님의 말씀대로 하는데 있을 뿐만 아니라 그토록 바라던 교회 부흥은 그 결과적인 면에서 볼 때에 바로 눈앞에 다가와 있음을 직시할 수 있게 된다.

따라서 알려진대로 ;

1) 구제를 다음으로 미루지 말자. (신 15:9)

2) 하나님이 우리 행위를 보시려고 가난한 자를 세상 끝날 까지 두신다. (신 15:11)

3) 있는 것 팔아 구제하여 낡아지지 않는 주머니를 예비하자. (눅 12:33)

4) 부지런히 생업 하여 구제 받지 말고 다비다나 고넬료 같이 구제하는 자 되자.(행 9:36, 10:2-31, 엡 4:48)

5) 구제의 제사를 드려 하나님을 기쁘시게 하자. (히 13:16)

6) 성령께서 역사하여 오순절 같은 때가 오기를 기도하자. (행 4:44)

제 11 절 시설을 이용한 노년 전도

교회의 크기에 따라 교회가 노인시설 전도를 실천할 수 있는 사업의 유형 중 첫째는, 교회가 사회복지·사단법인 재단을 설립하고 정부와 긴밀한 관계 (재정·행

---

122) 주두만, op cit , p.236

정) 하에 실시하되 사회사업의 전문성과 교회의 종교성(선교 등)을 동시에 가미하여 실시하는 유형으로서, 정동제일교회의 사회교육관[123] 이나 평촌 제일교회에서 운영하고 있는 사단법인 현대 의왕시 노인복지회관이 그 좋은 예이다. 정동교회[124]에서는 그러한 시설을 통해 아동 · 청소년 · 상담 · 지역사회복지 · 노인복지 · 선교사업 · 교육세미나사업을 비롯한 장애인복지 · 교육사업 · 교회와 선교사업 등을 지난 10여 년이 넘도록 지역사회 복음전파에 적극 활용하고 있고, 평촌제일교회에서 그러한 사회시설을 1988년부터 1999년 사이에 재단 설립 준비기간을 거쳐 명실공히 그 지역에서 선교 센타 로서의 역할을 다하고 있는데[125] 목욕탕 · 노래방 · 경로의원 · 상담실 · 경로식당 · 취미교실 외에 대 회의실 · 이 미용실 그리고 노인자원봉사센터 · 노인취업알선센터 등을 운영하는 가운데 본 교회 교인들의 사회참여 의식이 높아지고 교회에 대한 이미지가 상당히 좋아졌음을 다음 Interview(면담)에서 잘 알 수 있다;

- 면담일시 : 2003년 4월 4일 오전11:30~12:10
- 경기도 의왕시 내손2동 710-2, e-mail : uepwc21@hanmail.net

- 면담장소 : 의왕시 노인복지회관 응접실
- 질 의 자 : 진삼웅 목사
- 응 답 자 : 이원종 실장겸 사회복지사(평촌제일교회 안수집사), 대학강사로 재 직중

1. 현재의 노인복지 시설을 이용한 전도의 효과는 무엇이라고 생각합니까?

먼저는 교회 홍보 면에서는 물론 이용하시는 분들이나 가족들에 대한 전도에 효

---

123) 정동제일교회 사회교육관 소재지:서울시중구정동34-33, e-mail : chung34@hanmail.net
　　 평촌제일교회 소재지:경기도 의왕시 내손2동 710-2, e-mail : uepwc21@hanmail.net
124) 기독교대한감리회 정동제일교회 사회교육관 편, 10년의 발자취, (서울:도서출판 에덴, 2000), pp. 1-179
125) 평촌제일교회 · 의왕시 노인복지회관 편, 운영평가보고서, pp. 1-160

과가 크며 현재 약 1,200여명의 출석교인이 계시는데 영혼구원에 있어서 전도에의 관심을 갖는 호응도에도 기여했다고 본다.

2. 교회가 이러한 시설을 이용하여 전도하여야 할 필요성이 있다고 봅니까?

비 인가냐, 인가냐 하는 것은 큰 차이가 없다. 왜냐하면, 설립이념이나 방법론의 차이일 뿐이다.

3. 노년 전도의 효과적인 방안은 무엇이라고 생각하십니까?

이러한 시설보다는 교회의 전도에 실천적인 면을 통했을 때가 영혼 구원에 더욱 효과가 크다고 보며, 시설을 통한 교회 부흥은 그리 크지 않다고 본다. 목회는 전도와 양육을 통한 영적·신체적·정서적인 도움과 함께 교회와 지역사회에 기여해야 한다고 본다. 그러나 20%정도의 등록 효과는 있었다는 것도 사실이다.

4. 현재의 시설 안에서 신앙 활동은 어떻게 직간접적으로 표시하고 있습니까?

원칙적으로는 기독교만을 강조할 수 없지만 상근직 직원들의 조회에 있어서, 그리고 초청강사들이 대부분이 독실한 신자이신 분들로서 직간접적으로 수강생 또는 많은 이용자들에게 신앙효과를 보여 주고 있다고 본다.

5. 이러한 시설을 교회가 운영하는데 따른 재정적인 뒷받침이 상당하다고 보여지는데 어떻게 생각합니까?

무엇보다도 운영에 있어서는 효과적인 면이 더욱 크다고 할 수 있습니다. 물론 외부적인 시설면을 보면 상당히 많은 재정이 소요될 것으로 보여질 것이나 오히려 교회가 구제에 힘쓰는 반면에 복지관은 재활과 각종 복지사업 및 주민교육에 힘쓴 다는 점에선 재정적인 어려움을 감내하게 된다고 생각한다.

6. 재정적인 해결 외 어려운 점을 교회가 어떻게 해주었으면 좋겠습니까?

시설을 이용하는 양적인 효과가 있는 것은 틀림없어 재정적인 어려움은 없어 보 이나 질적인 면에서는 교회를 따를 수 없다는 점에서 앞으로도 질적 신앙적 효과면 을 위해서는 교인들이 더욱 동화되어야 할 것과 사명감을 갖고서 열정과 적극적인 참여를 바라고 싶다는 점이다.

7. 이 기관이 설립된 이후 귀 교회의 상황 변동면에 대해서 말씀해 주십시오.

첫째로, 양적 변화 즉, 외적인 시각이 달라졌다는 점인데 현 시대에 맞게금 변화 를 시도한 점이 좋은 평판을 얻게 된 것이고, 둘째는, 주위의 좋은 평판과 함께 본 교회 교인들의 사고방식에 큰 변화가 일어났다는 점입니다. 구제만을 생각하는 틀 에서 자활과 삶의 질적인 면으로 사고 전환이 있었다는 점이 큰 효과라 생각한다.

8. 교회가 소규모 예산으로 운영하고 있거나 민간인 자격으로 시행하고 있는 점 에 대해서는 어떤 견해를 갖고 있습니까?

현재 교회와의 관련된 단체에서 교회복지사 또는 기독교 관련한 복지사의 명칭 으로 시설에 수용 또는 운영하는 면에 있어서는 장단점이 있겠으나 항간의 종교시 설 내의 좋지 않은 운영자의 나쁜 이미지를 쇄신하기 위해서는 제도와 형식화 안에 서 공정성과 투명성 있는 경영 관리가 요청된다는 점을 잊어서는 안될 것입니다.

여기에서 필자의 분석과 평가적인 견해는 첫째, 결코 소규모 자산으로는 시도하기 어려우나 현시대의 황금어장과 같은 노인복지회관을 교회와 성도간의 협력으로 원만히 운영하게 된다면 앞으로도 영구적으로 노년 계층의 전도의 효과는 매우 크다고 결론짓고 싶다는 것이다.

둘째는, 시설을 통한 노년 전도에 있어서의 유형으로는, 교회가 교회의 인적ㆍ물적ㆍ재정적ㆍ시설적 자원 등[126]을 활용하여 교회 건물을 기반으로 실시하는 모형으로서 중형교회에 해당하는 서울광염교회의 한국 기독교 연합 봉사단과 비전 하우스가 그 좋은 예이다. 앞서 기술된 면담에서는 담임목사의 고유한 말씀연구 전파사역과 현시대의 추세에 맞는 교회와 성도간의 상생 목회면을 좀더 부각하였으면 하는 소견을 피력하고 싶다는 것이다.

셋째는, 교회가 직접 사회봉사 프로그램을 주관하지 않고 교인들에게 자원봉사의 종교적 동기를 부여하여 지역사회에 나아가서 사회복지시설이나 기관에서 자원봉사를 하게끔 하는 모형으로 소형 교회가 이 범주에 들 수 있고, 이 외에도 교회의 사정과 상황에 따라 복합적으로 실시하는 복합모형도 있는데, 모두 교회 안팎의 사업으로 구분됨에 따라 전도에 적용해 봄이 좋다는 것이다.

다음으로, 교회 안의 프로그램에 있어서는, (1) 생계 지원 사업인데 이는 ①불우노인 결연과 후원금 지급 ②공동급식 ③능력은행 등으로서 대체로 교회의 친교와 권면과 봉사활동과 연결지어 전도로 적용할 것과 (2) 의료 보호사업으로서 ①간단한 건강진단 및 물리치료 ②가정건강원 서비스가 그들로 신체와 영적인 권면을 수용하게 만든다는 점이다.

또한 (3) 주거보호 사업으로서, 교회의 관리인이나 자원봉사자를 노인 가정에 보내, 출입문부터 방안 벽지교체 등의 봉사를 통한 전도의 효과를 이끌어내야 하며,

(4) 교육 보호 사업을 위주로 하는 전도방법으로는, ①신앙교육 ②노인학교 ③

---

126) 배호진, op. cit ., p. 73

전도학교 즉, 전도인으로 훈련시켜 복음증거할 일군으로 양성할 것 ④기도학교로서 상호 친밀한 관계유지 ⑤정보제공을 통해 컴퓨터 이용과 교회신문·소식지 그리고 건강진단과 복지혜택에 관한 소식을 전도의 방편으로 활용할 수 있다.

(5) 예방 사업의 일환으로서, 상담과 공공기관 등에 의뢰하는 봉사를 통해 전도에의 응용을 하고

(6) 기타 서비스 형태로는, ①전화 방문 ②우호 방문 ③가사봉사를 통한 생활 관계로서의 전도 방법을 구사할 수 있다는 것이다.

이와 더불어 교회 밖의 프로그램[127]은, (1)각종 보호사업으로서, ①주간보호소 ②야간보호소 ③단기보호소 ④탁노소 등이다. 현재 치매노인 요양시설인 샘터마을 (운영자: 선호재 목사·정숙자 사모)의 경우에는 노모를 요양하다가 좋은 소문에 의해 위탁되어진 분들을 주간, 야간 및 장·단기적으로 돌보고 있는 노년과 그 가족들에게 복음 전도의 큰 성과를 거둔 성공 사례로[128] 꼽을 수 있다.

또한, (2) 결연 및 위로 사업으로서 ①경로잔치 ②양부모 자녀 결연 사업을 통한 노년 전도법으로 활용하면 그 효과가 지대하다. 다음으로는 (3)여가 활동 사업으로서 노인복지관 등이 여기에 해당되는데, 노인합창단·취미활동·솜씨개발·경로여행·자원봉사 활동 등의 생활 속에서 자연스럽게 이어지는 전도 방법은 우리 중에 너무나도 친근스럽게 여겨진다.

실제로 노인들에게도 배우고 싶어하는 욕구가 있고 노인들도 급변하는 사회에 대처하고 싶은 욕구가 있으며, 일정한 집단 활동에 참여하고 싶은 욕구와 새로운 것을 알게 됨으로써 스스로 성장하는 자아실현의 욕구도 있다[129]는 점을 착안하여 이를 활용한 노년전도 방법으로 실효를 거두어야 한다.

마지막으로 (4) 기타 서비스로서 ①노인 혼인사업 ②장례 서비스센타 ③호스피

---

127) 배호진, op. cit ., pp. 88-94
128) 노인치매요양 시설 샘터마을 소재지는, 경기도 고양시 덕양구 행주외동 260-3,
    E-mail ; chollian.net/~stheaven
129) Ibid ., p. 80

스 활동 등을 활용한 노년 전도 방법은 요즘 부쩍 각광을 받고 있는 것으로 임종 말기를 향해 달려가는 노인들의 영혼 구원과 관리를 위해 현재의 교회 안팎의 시설을 최대한 이용해야만 그 효과를 거둘 수 있다고 본다.

따라서 이러한 제반 필요성에는 동감하지만 아직까지도 지도자 발굴이나 정보가 부족하다는 이유와 재정부족을 큰 이유로 꼽고 있으나 더욱 중요한 것은 교회 전체의 우호적인 태도나 분위기, 전문적인 지도력을 개발하여 지금까지의 소극적인 대처에서의 방향 전환을 함으로써 노년전도의 활로를 개척해야 할 것이다.

교회 내 전문 지도력의 확보방안으로는[130], 사회복지 분야의 전공자나 실무경력자를 지도자로 활용하고, 교회의 직분자들에게 사회복지 교육과정을 연수하게 할 것과 같은 교단 신학대학 출신의 직원 또는 전도사들로 교회 사회복지 프로그램을 조직화하여 추진하도록 맡기거나 아니면 교회 지도자들이 단기 교육을 받고 전 교인에게 이러한 프로그램의 필요성을 교육시키고 홍보하여 교회의 전체적인 호응을 얻도록 한다면, 교회가 가지고 있는 무한한 자원을 활용하여 노년전도 프로그램을 개발하여 21세기 고령화 추세에 맞는 전도의 성과를 거둘 수 있다고 보는 것이다.

이제 교회는 노년전도의 시대적인 요구에 맞는 과감한 투자를 함으로써 노년 전문 전도자들을 양성하되 노인들을 모든 행사에 참여하게 해야 하며 교회를 친한 벗과 같은 장소로 또는 노인들의 능력과 감성과 개성을 서로 나누며 공유할 수 있는 주님의 한 가족으로 맞이해야 한다.

제 12 절 미디어를 활용한 노년 전도

경제성장에 따른 생활개선과 의료기술의 발달은, 2030년에는 전인구의 19.3%(약1,000만명)이 넘는 초고령화 사회[131]가 될 전망이며 현재 우리나라의 노령

---

130) 성규탁 외 3인, 한국교회의 사회복지 참여에 관한 연구, (서울:연세대학교 신학대학부설 한국기독교 문화
　　연구소, 1991), pp. 36-47

화지수는 34.5%로 나타나 5년 전의 25.2%보다 크게 높아졌[132]으나 노인인구의 증가, 가속적인 도시화 및 핵가족화, 노인부양에 대한 사회환경과 가치관 등의 변화로 노인문제가 심화됨에 따라 노인문제에 대한 인식이 외적이고 일차적인 문제를 즉 치매나 질병에 걸린 노인들을 보호, 또는 간호, 독거 노인 또는 위탁된 노인들을 재정적으로 돕거나 위로에 한정, 선교적 측면의 접근 등과 함께 프로그램의 양과 질이 낮고 노인의 욕구에 부응하지 못하는 현상을 벗어나 정보화 교육에 접목하여 노인들의 자존감과 독립성 등을 활성화할 수 있게 하기 위함은, 기독교 교육적 접근의 쌍방향커뮤니케이션의 활용을 극대화하는 인터넷과 사이버 공간 그리고 C.P(content provider)를 활용함으로써, 현대사회가 미디어와 인터넷의 급격한 보급으로 구세대와 신세대간의 정보와 기술격차 속에 노인들의 소외가 심화되고 있음을 직시할 때 노인을 대상으로 하는 기독교 교육에서 미디어 역할의 중요성[133]은 또 다른 노년전도와도 같은 관련을 맺고 있음에서 마땅히 이해되어져야 한다. 노인들의 역할과 지위는 지향할 때 그들이 사회구성원 및 가족공동체의 일원으로 적극적인 참여를 유도할 수 있다는 관점이다. 성경은 노인들의 기능과 역할에 대해서 첫째, 자녀와 이웃을 훈육하며(딤전 3:1-7), 제사장을 도와 종교적인 활동을 수행하며 (대상 15:25), 지역을 대표한 준 사법적 기능을 담당(신 19:12;21:3, 6;21:18; 22:13-21; 25:5-10) 하며, 국가 사회의 중대한 일을 결정하는 일에 조언(출 18 :, 민 11:, 신 1:)하는 등 노인들은 자기가 속한 공동체를 대표하여 종교와 사회의 주요 역할을 담당했던 것이다.

그렇기에 미래 사회 속에서의 기독교노인교육에 있어서도 기존의 학습방법이나 놀이와 레크리에이션, 친교 등에 머무는 것이 아니라 첨단기술의 물결 속에서 21세기 정보사회와 함께 복음으로 선도해 나가야 하며, 성경 이외에 다양한 삶의 경험

---

131) 통계청, 1996. http://www.nso.go.kr.2001.10.20
132) 「조선일보」, 2001. 9. 25. 8쪽
133) 채형욱, 미디어를 활용한 기독교 노인교육의 실제, (서울:장로회신학대학교 교육대학원 석사논문, 2001),
    p. 4

에 관한 사회, 문화적 자료가 교육내용에 포함[134]하여 노인들이 인터넷과는 달리 전자우편은, 노인들의 심리적, 사회적으로 상실된 관계성을 회복시켜주며, 미래 정보화 사회 속에서 자신의 정체성을 갖게 금 하기 위해서는 교회 적인 지원이 가급적 뒷받침되어져야 한다. 즉 ①학습자인 노인들의 적극적인 학습동기유발 ②인도자들의 적극적인 지원 즉, 재정적인 면과 교육적인 도움 ③필요한 정보나 자료를 주고받는 쌍방향커뮤니케이션이 이루어지게 하여 하나님이 주신 삶에 대한 의미회복을 갖도록 함으로써 자존감의 회복과 함께 남아있는 생에 대한 가치를 일깨워 줘야[135] 할 필수 불가결한 교육이라는 점이다. 이것은 노인복지차원의 단기적인 정책이어서는 안되며[136], 다른 세대와 더불어 살아가도록 하며, 변화하는 사회에 잘 적응하도록 하게 할 뿐만 아니라 복음의 참여와 봉사와 섬김의 사역을 감당할만한 가치 있는 노년전도 방법이라 여겨진다.

구약 성경에 나타난 부흥은, 백성들로 하여금 우상을 버리고 여호와 신앙을 회복하도록 하였으며 여호와 하나님의 말씀으로 돌아가는 운동이었고, 회개와 기도를 통한 대중운동이었다면 신약 성경에 나타난 부흥은 그리스도의 오심과 재림을 대망하는 신앙을 기초로 하여 일어났으며 특히 성령의 강력한 역사를 힘입어 선교에까지 연결된 운동이었다.[137]

따라서 2000년 교회역사를 보면 하나님은 성령의 역사를 통해서 먼저 신자들로 각성케 한 후에 교회로 하여금 부흥하게 하셨다. 부흥은 각성과 선교를 동시에 이루게 하였다. 부흥은 하나님의 사건이며, 하나님의 뜻이 없으면 부흥은 일어나지 않는다. 부흥은 먼저 신자들로 하여금 회개하게 하고 중생 하게 하며 성회의 생활을 통해서 이루어진다. 모범적인 생활을 통해서 이루어진다. 모범적인 생활을 하며 전도를 하는 것이다. 선교의 열심은 깊은 경건이 있는 곳에서 일어난다. 독생자께

---

134) 주영주, 강은희, 인터넷을 활용한 교회교육 활성화 방안에 관한 연구 「기독교교육논총」(서울:한국장로교출판사, 1999), pp. 193-194
135) 채형욱, op. cit ., p.48
136) 샬롬노인문화원 편, 노인학교 학습과정과 운영지침서, (서울:한국장로교 출판사, 2000), p. 124
137) 이윤석, 부흥과 선교에 관한 연구, (서울:장로회 신학대학교 세계선교대학원 석사논문, 1997), p. 81

서 하늘 영광을 버리시고 인간 육신의 형상을 입으신 것도 오직 영혼 구원하는 선교 때문이었다는 점은 미디어를 활용한 노년 전도방법을 시도하지 않을 수 없는 현시대적인 전도의 모범적인 케이스로 간주될 수 없다. computer를 활용할 수 있도록, 이론적이고도 기술적인 면에서 노인들을 교육적인 뒷받침을 지속적으로 지원해 준다면 마침내 동년계층을 전도하는 한차원 높은 수준있는 노년전도의 자원이 될 것이 분명하다는 점이다.

제 13 절 문화 마당을 활용한 전도

이천진은 그동안 지구를 죽여온 원인으로 첫째, 자본주의 문화, 둘째, 합리주의 문화, 셋째, 서구 문화를 들고 있다.

현재 한국 교회의 선교를 첫째, 자본주의적인 선교, 둘째, 합리적인 선교, 셋째, 서구적인 선교로 들고 있다. 그리고 이에 대한 대안으로 첫째, 하나님나라 운동으로서의 선교, 둘째, 한국적 교회운동으로서의 선교를 이야기하고 있다.[138] 다른 전략으로서의 문화선교의 필요성을 가져오는데, '대부분의 교회가 지역사회 주민들을 대상으로 활동하는 프로그램가운데 연구, 음악 등의 공연을 정기적으로 준비해서 교인들과 동네 사람들이 관람하게 하거나, 문화 강좌 형태 즉, 지역 주민들을 대상으로 여러 가지문화, 취미 강좌 또는 노인대학과 청소년 및 아동들을 대상으로 하는 프로그램을 갖는 데에는 한정이 있고 또 지속적이지 못하다는 것이 문제가 된다.[139] 기독교 문화운동은 때로 기독교 내부적 운동과 대외적 전략을 다르게 구사할 필요를 갖는다. 기독교 문화 운동은 생산자, 수용자, 그리고 개혁운동이 각각의 위치에서 감당해야 할 바른 사명, 곧, 밝은 문화로 어두운 문화를 이겨야 하는 목적의 일을 위해서는 문화산업은 밝은 문화를 만들고, 수용자는 기독교인다운 자세로 문

---

138) 이천진, 한국적 문화선교의 대안, (서울:기독교사상사, 2000), pp. 50-74
139) 이성원, 지역사회를 위한 문화선교활동, (서울:신앙세계사 1995), pp.84-89

화를 향유하고, 개혁운동은 산업과 수용자들을 위한 연구와 지도를 지속적으로 해야 한다[140]는 것이다.

홍석표는 교회에서의 문화선교사역의 실제로 영락교회 문화사역팀을 소개[141]중 a. 음악부문. 1)주제별 찬양콘서트(Theme Prasing Concert)의 기획 및 행사 2)기독교뮤직비디오(Christian Music Video) 및 좋은 기독음반 소개 3)기독홍보 비디오 상영 4)찬양팀 '하늘그릇'을 중심으로 한 찬양음반, 찬양집 기획 및 제작 5)찬양음악아카데미 등을 운영해 오고 있다는 것은, 지금까지의 노년전도 방법과는 달리 새로운 전도 방법으로 취급되어야 할 분야로 여겨진다. 왜냐하면, 노인들은 문화적인 경험으로 살아온바 결코 퇴색되어질 수 없을 뿐만 아니라 더욱 새롭게 문화를 활용하고 선도할 책임까지도 지니고 있다고 보는 것이 성경적이다. 노인들은 존경하며, 부모와 자녀간의 관계를 주안에서 행하라는 말씀 (엡 6:1-4)을 중심으로 이해해볼 때 결국 웃어른들의 선도적인 사면과 그 책임이 주어져 있다고 보는 것이다. 모범적인 노인 규범으로 그 시대의 문화를 선도해 나아가게 하는 노년 전도의 영향력은 극히 좋은 평판을 얻는다는 점에 유의하여 볼 때 시대의 노년들로 복음문화의 선구자들로서의 양성을 서둘러야 한다는 것이다.

그러므로, 경로대학에서의 이론 교육을 습득하여 교회 내외적인 공간을 활용함으로서 노인들을 이끌 수 있고 방안을 연구해 보면, 바자회나 그림전시회 또는 서예전, 오락마당을 시도해 본다면 지역 복음화를 앞당길 수 잇다. 또한 농수산물을 직거래 장소로 이용하거니, 의복 또는 가전제품 외 생필품 등을 거의 싼값으로 구입할 수 있는 방안을 강구해본다면 지역 주민들 특히 노년층에는 큰 환영을 받을 수 있다. 수익금은 노인들에게로 다시금 되돌릴 수도 있기에 일석이조의 효과를 기대해도 좋다는 것이다. 요즈음 젊은이들에 한정 되다시피한 카페(Cafe) 광장도 노년층에 활용한다면 휴식과 만남을 주선하는 좋은 예가 된다. 자연스러운 전도의 효

---

140) 신국원, 대중문화를 분별하라 - 특집, 문화전쟁시대의 교회, (서울:목회와 신학사, 2001), pp. 74-78
141) 홍석표, 교회에서의 문화선교를 위한 연구, (서울:장신대학 대학원 석사논문, 2002), pp. 41-50

과를 높일 수 있기에 더욱 활용할 가치가 있다. 거기에다 흥겨운 놀이마당극을 재현해가면서 모든 노인들의 문화 접근적인 전도에 효율성을 가져와야만 하겠다는 것이다. 복음서가 중에는 "예수님이 좋은 걸 어떡합니까?"라는 가사의 복음송이 있다. 듣는 이들의 흥을 돋구어 주는데 있어서 많이 활용되는 점을 이용해서 북?장구 등의 악기와 춤사위를 곁들여 간다면 분명 노년층에 많은 호응을 얻을 수 있으리라고 본다.

노년 전도에 시도되는 어떠한 방법도 주님의 영광을 나타내는 데에서 벗어날 수 없어야 하며 또한 현시대성을 띤 현실적인 노년 전도 방법이라야 한다는 데에 이의가 있을 수 없다.[142]

제 14 절 관계 회복을 통한 전도

처음부터 구원의 교리로 설명하며 전도하는 방법은 전문적으로 훈련받은 사역자들이 어느 정도 기독교에 대하여 흥미를 갖고 있는 사람을 대상으로 전도할 때에 효과적인 방법[143]이라는 점에서 볼 때에, 실제로 새신자들이 교회 나온 동기를 조사해 보면 교리에 감동되어서 나오는 경우보다 주변에 아는 사람의 권유와 인정에 끌려서 따라 나온 사람이 85%이상[144]이라는 조사 결과가 나왔다. 노년 전도는 시대환경과 문화에 맞는 새로운 실제적인 전도 방법 즉, 성령께서 내게 주신 전도 능력을 찾아내고 개발하되 믿음생활의 연륜보다는 훈련과 실천을 통해 얻어지는 실천 신앙의 결과[145]에 의해 생활 속에서 "그리스도의 사랑"을 베풀고 '그리스도인의 인격'으로 친교를 나누며 함께 그리스도 앞으로 나가는 인격으로 전도하는 것이 무엇보다 현시대에 요청되고 있다. 따라서 전도 대상자의 마음의 문을 열기 위해서는, 전

---

142) "그러면 무엇이뇨? 외모로 하나 참으로 하나 무슨 방도로 하든지 전파되는 것은 그리스도니 이로써 내가
    기뻐하고, 또한 기뻐하리라" (빌1:18)
143) 이왕복, 평신도를 위한 생활전도, (서울:도서출판 글마당, 1995), p.29
144) Ibid ., p. 31
145) Ibid ., p. 35

도인 곧, 크리스챤의 착한 행실을 궁극적으로 불신자의 시선과 관심을 하나님께로 돌리게 하는데[146] 매우 필요하므로 노인들과 함께 어울리며 인격적인 사귐을 갖고 자연스럽게 주님을 소개하는 영적인 대화의 시간을 가져야 하는 것이다.

인도자가 되려면 겸손한 인내심과 순종하며 기대하는 마음이 필요하되 죄를 깨닫게 하시는 것은 성령이시며 사람들이 하나님의 기준에 비추어 자신을 볼 수 있도록 하나님의 말씀을 사용할 것과 무엇보다도 자신에게 하나님이 필요하다는 사실을 깨달을 때까지 기도하는 것[147]을 이웃이나 동네 사람으로부터 시작하라[148]는 Leighton Ford의 다음과 같은 조언은 참고를 노년전도에 관한 한 방법으로 활용해 보자;

- 그리스도를 필요로 하고 있다고 생각되는 사람을 다섯 명 정도 적으라.
- 그 사람들을 위하여 매일 기도하라.
- 그 사람들과 구체적인 친교활동을 계획하라.
- 대화 중에 자연스럽게 당신이 하고 있는 기독교활동을 언급하라.
- 크리스마스 또는 부활절 카드를 보내라.
- 그들을 교회에 초대하라.
- 그들을 기독교행사에 초대하라.
- 그들에게 기독교도서나 기사를 주라.
- 자신의 간증을 써서 그리스도인 친구에게 조언을 구한 후 불신자 친구(노인)에게 주라.
- 복음의 요지를 글로 써서 그리스도인 친구에게 조언을 구한 후 불신자 친구(노인)에게 주라.[149]

---

146) Ibid ., p. 39
147) Leighton Ford, Good News is for sharing, (서울:죠이선교회 출판부, 1994), p. 238
148) Ibid ., p. 238
149) Ibid ., p. 252

인간은 "네 마음을 다하며 뜻을 다하며 목숨을 다하며 힘을 다하며 뜻을 다하여 주 너의 하나님을 사랑하고 또한 네 이웃을 네 몸과 같이 사랑하기"(눅10:27)위하여 창조된 바 진정한 사랑은 하나님과 이웃들을 위하여 절제할 수 있는 감정과 함께 사랑할 수 있고, 신뢰하며, 정의롭고, 남을 위해 자신을 희생할 수 있[150]는 하나님의 몇 가지 성품을 부여받게 되었다.

어떤 사람이라도 "그리스도께서도 한번 죄를 위하여 죽으사 의인으로서 불의한 자를 대신하였으니 이는 우리를 하나님 앞으로 인도하려 하심이라" (벧전 3:18)는 말씀처럼 죄의 문제가 해결되었다면, 예수님께로 나아가서 인격적인 반응에 따라서 예수 그리스도를 구속주 또는 개인적인 구주로 인정하고, 자신의 삶의 합당한 위치에 계시도록 주님을 모시어 자신의 삶을 정결케 하고, 변화시키며, 하나님과의 본래의 관계를 회복하여 사랑으로 가득한 삶[151]을 살 수 있어야 하는 것이다.

인류의 친절한 안내자이시며 언제나 가득한 사랑의 공급자이신 주님과의 관계를 맺고 산다면 누구나 주님의 참 제자다운 삶을 보낼 수 있을 것이다.

그러나 호감을 갖고서 교회 생활을 시작하였을지라도 사단의 여러 가지 시험을 이기기 위해서는 하나님의 말씀으로 물리쳐야 하기 때문에 성숙한 그리스도인은 영적 부모와 같은 자세로서 교회에 다니기로 결심한 노년층에 계신 분들을 사랑하며, 양육하고 훈련하는 사랑의 관계를 맺어야 [152]한다.

어린 아이가 부모의 도움이나 교사의 도움이 없이 자란다면 자라기에도 온갖 애로가 있고, 설사 자란다고 하여도 좋은 습관보다 나쁜 습관이 앞설 수 있는 것과 같이 옛사람을 벗어버리고 새 사람을 입도록 하는 신앙 양육에 대한 지도와 배려가 뒤따라야 한다는 점이다. 이와 같은 관계회복을 위한 훈련이야말로 영적 재생산에 필요한 강한 신앙의 소유는 물론 그 신앙의 성장과 강한 신앙의 활용과 번식을 위함에서는 첫째, 전도의 단계, 둘째, 양육의 단계, 셋째, 훈련의 단계, 넷째, 번식의

---

150) Ibid ., p. 279
151) Ibid ., p. 281
152) 김남식, 제자훈련을 통한 새신자 양육론, (서울:정음출판사, 1984), p.15

단계[153]등의 과정 가운데 하나님과 인간 사이의 관계가 회복될 때에만 가능할 수 있다.

노년 전도에 있어서도 일시적인 전도로서 만족할 것이 못된다는 것을 알아야 한다. 여기에는 일방적인 커뮤니케이션(communication)이 아니라 적극적인 쌍방통행의 원리 속에서 되어져야 관계 회복을 통한 보다 나은 전도의 목표점에 이르게 된다고 여겨진다. 오늘날 우리들에게 중요한 것은 그리스도를 형상으로서 계속적인 성장을 하도록 하여야 하며, 선행된 자가 바른 모범이 되지 모살 때 하나님으로부터 큰 징계가 있음을 기억하여야 (약 3:1) 할 것이다.

김남식에 의하면 사역을 교사 (엡 4:11-12), 설교자, 감독자 (행 20:20-32), 목자 (요 10:4-14; 시편 23:) 부모 (고전 4:15; 살전 2:7-11), 등으로 구분하여 양육받아야 할 대상자들을 개인 또는 집단적으로 하나님의 말씀을 바로 가르치고, 그들을 위해서 최선의 기도를 베풀어야 한다[154]고 말한다. 법 (고전 14:33)을 고루 익히어 일대일의 관계, 일대일 상담, 일대일 체계, 일대일 협동을 이루기 위해 함께 기도하고, 함께 협력 하며, 하나님의 뜻을 구현하기 위하여 항상 하나님의 뜻을 구별하고 자신의 부족을 메꾸기 위하여 협력하는 신앙을 가지도록 해야 하는 것이다.

전도했던 어느 여 집사의 간증적인 고백의 글이 다음과 같이 나와 있다.[155]

할아버지들이 모이는 방에 가면 노인들께서는 늘 그렇게 쓸쓸해하실 수 가 없습니다. 할아버지들은 이른 아침에도 술을 자주 드시는데 그것은 그들이 가정이나 사회에서 소외되었기 때문입니다. 노인정을 2년 가까이 다녔지만, 그 할아버지들은 복음을 잘 받아들이지 않았습니다. 그런 경우에는 장기적으로 전도전략을 세워 놓고 꾸준히 방문함으로써 복음을 전해야 한다는 것을 저는 경험으로 알고 있었기에 오래 인내하여 결국은 열매를 맺기 시작했습니다.

위 글에서 전도자의 의욕적인 노년전도에 대한 열의와 함께 전도전략의 방법 세

---

153) Ibid ., pp.16-19

154) Ibid ., pp. 36-40

155) 유성흠 편저, 나는 이렇게 전도한다, (서울:청우출판사, 1994), p.261

우기, 노인들의 특성을 잘 이해한 후에 지속적인 위로와 방문을 통해 긴 시일에 걸쳐서 마침내 성과를 이룬, 성공할 수밖에 없는 전도를 잘 소개하고 있다. 이것은 관계 회복을 통한 전도 방법의 한 실례이기도 하다. 한편, 같은 글에서 '전도왕' 이라는 별명이 붙은 안강자는 우리가 복음을 전하려면 어떤 분이 어려움을 당하고 어떤 분이 고난을 당하고 있는가를 살펴보는 사람에게는 위대한 전도의 능력이 함께할 것이라고 말하면서 자신을 예수님 믿도록 인도하신 분이 무려 5개월 동안 지속적인 관계 회복을 통한 전도에 의해 마침내 자신이 결심을 하게 되었다고 소개하면서, 자신의 받은 은혜를 되갚고자 하루에 4시간씩 누가 듣든지 아니 듣든지 외치면서부터 하나님의 주시는 담대함을 오늘에 이르기까지 마침내 '전도왕' 이라는 호칭을 얻게 되었다는 것이다. 그는 기도와 사랑과 말씀이라는 미끼를 최대한의 관계회복을 통한 전도 방법으로 삼는 장본인이기도 하다.[156]

우리는 같은 물건을 사더라도 이왕이면 깨끗이 정리되어 있는 점포와 함께 친절한 안내원이 있는 곳을 단골집으로 삼고 싶듯이, 노년 전도자에게 스스로 우러나오는 열정과 영혼을 사랑하고자 하는 간절함이 있을 때에 전도의 효과가 크다는 것을 알고 있다. 전도하는 데에는 시간적 희생이나 또는 다른 사람을 사랑하고 나 자신을 내어주며 상처를 입을 각오를 하는 등의 그리스도의 능력과 우리의 책임, 그리고 다른 사람들의 필요에 대한 깊은 각성이 있기 전에는 결국 전도를 하기가 쉽지 않다는 것이다. 따라서 초대 교인들의 전도운동을 보면, 커다란 각성에 따른 방법을 통하여 세상에서 가장 중요한 일은, 인간에게 구원의 길을 가르쳐 주는 것이기에 첫째로는 감사하는 마음이 동기가 되었고 (갈 2:20, 요일 4:11-14), 두 번째 그 동기도 책임감(고후 5:9-10, 19,20)에 있고 셋째로는, 초대 교인들은 사랑[157]하기 때문에 전도했다는 것이다. 결과적으로 하나님께 빚진 자의 사상을 갖고서 그 큰 은혜와 사랑을 되갚기 위해 관계회복을 통한 노년전도에 힘쓸 때 에 전도하는 자신

---

156) Ibid ., pp.123 - 144
157) Reighton Ford, op. cit ., pp. 41-43

에게는 큰 칭찬과 상급으로 보상되는 자리에 서게 될 수 있다.

그러나, 이러한 전도 방식 역시 시작에 불과한 것임을 잊지 말아야 한다. 하나님의 사랑과 성령의 감동을 통해 그 사람이 참된 그리스도의 제자로 자랄 때까지 보살펴 주어야 하며, 그 사람이 다시금 전도하는 것을 볼 때, 혹은 적어도 교회에서 완전한 직책을 수행하게 될 때 비로소 우리는 그리스도 안에서 우리의 수고가 헛되지 않았음을 알고 즐거워 할 수 있을[158]것이다.

---

158) David Watson, Discipleship. (권성수 역), (서울:기독교문서선교회, 1993), p.228

제 5 장 노년 전도와 교회성장 사례연구

제 1 절 서울광염교회

'감자탕교회'로 알려진 서울광염교회는 조현삼 목사를 중심으로 600여명의 성도들이 전도와 사회봉사(봉사단: 단장 조현삼)를 통해 10여 년이 넘는 기간 내내 꾸준히 성장해 온 모범적인 교회 모델로 알려져 왔다.

- 면담장소 : 교회교육관 응접실 (서울 노원구 상계1동 소재)
- 면담일시 : 2003년 4월1일(화) 오후2시~4시
- 질 의 자 : 진삼웅 목사
- 응 답 자 : 조현삼 목사

Q : 노년 전도에 대해 언제부터 관심을 가지셨으며, 현재의 노년 전도와 그 부흥·성장비결은 무엇이라고 생각하십니까?

A : 특별한 부흥·성장의 비결은 없고 평소에 모든 계층의 전도에 관심을 갖고 있던 중 지금의 1인당 5천원씩을 드리게 된 것이 주효했다고 본다. 따라서 이와 같은 방법으로 한다면 500명이상 1,000명이라도 모으는 일이 가능하다고 본다. 노인들의 경우 여기저기 여러 곳의 교회에서 교통비를 받으시는 분들도 계신데 그런 분들이라면 100여명이상 수용하는 것은 그리 어렵지 않다고 본다. 다만 신앙교육 전담자를 내세워 지속적인 관리를 하느냐가 중요하다고 본다. 지금 당장이라도 5천원씩 지급하는 것을 중단한다면 그들이 흩어질지도 모르기 때문이다. 지금의 본교회의 노년부 운영은 일반 교회교육기관과는 그 성격적인 차이가 있다는 것이다. 그렇다고 해서 막연히 노년층을 모으려고 그런 구제금(또는 교통비)을 제공하는 것은 아

니다. 이웃의 어려운 형편을 고려해서 이러한 모임을 만들었다고 할 수 있다. 노년부가 많은 인원수가 있다고 해서 반드시 교회부흥이 되어졌다고는 할 수 없다고 본다. 그 노년부 안에는 교회 직분자들까지 계셔도 그 금액을 제공한다.

그러나 구제부가 아닌 예배부 소관으로 보면 구제금을 제공할 필요가 없게 된다. 그러기에 구제부 소관에 둔다면 현재의 운영은 더욱 확대할 필요가 있다. 만약 그렇게 되면 매월 몇 백 만원이라도 교회에서 지출해야만 할 것이나 구제의 목적이 아닐 경우에는 관점부터 차이가 생기게 된다.

이러한 교회적인 대외활동은 복의 확장개념으로 보고 있다.

Q : 그렇다면 실제적이고 효율적인 노년 전도의 방법은 무엇이며 그것을 어떻게 운영하고 있습니까?

A : 별도의 방법과 운영안이 있는 것은 아니다. 모든 사람을 전도할 대상으로 삼되 어려움을 겪고 계신 분들을 섬기겠다는 차원에서 볼 때는 모두 가능한 일이다. 그분들께도 강단에서 외치는 말씀과 세례를 주어 정식적인 교인으로 삼는 일이 얼마나 중요한 일인가? 지금의 1인당 5천원씩 드리는 것은 우리 교회에 8주 이상 다니시는 분들께만 드리고 있는 것이다. 다만 이러한 노년부에 소속된 교인들을 젊은 층의 교인들이 얼마나 잘 지도하느냐에 관한 것은 별개의 문제이다. 그 대상을 반드시 정착된(등록기간을 마치신 분들)이후 실시한다는 것에 분명한 목적성을 두고 있는 것이다. 아울러 본 교회에서는 매년 1차례씩 이웃주민 1,000명을 초대하여 경로 잔치를 열어드리고 경로관광을 시켜 드리는 일도 병행해 왔다.

Q : 앞으로의 노년전도 프로그램을 어떠한 방향으로 보고 있으며 어떠한 작성 방식이 있어야 합니까?

A : 오직 전도로만 가능하다고 본다. 노년 전도만이 아니라 청년,장년들에 대한 전도와 각 기관별로 전체가 전도할 때에 가능하다는 것이다. 노년부를 구제부 소관으로 보느냐? 아니면 예배부 소관아래 두느냐의 차이일 뿐이다. 노년부를 운영하는 데에는 교회적인 많은 부담을 감안해야 한다. 따라서 그 프로그램도 달라질 수 밖에 없을 것이다.

노년들을 얼만큼 공경하느냐에 따라 다른 교회들의 차별화가 생겨날 것이다. 또한 어떤 교육 프로그램을 두어 활용하느냐에 따라서 지금까지 시행되어온 경로초청잔치나 출장 예배 등의 소기의 목적을 이룰 수 있다고 본다.

Q : 현재의 많은 개척 또는 기존 교회의 목사님들께 바라는 사항이 계시면 말씀해 주시겠습니까?

A : 저는 11년 목회 하던 중 한번도 외국여행을 다녀온 일이 없다. 어느 곳에선가 1박 이상의 강의 일정에 넣으려는 것을 허락해 본적이 없다. 왜냐 하면 목사는 현장 사역에 힘쓰고 그 모습을 교인들에게 보여 줄 필요가 있다고 본다.

대내외적인 활동부터 모든 인간 관계에서 늘 예수님만 생각하라는 것이다. 11년간에 한 일은 예수님을 전한 것뿐이다.

어느 프로그램보다도 그 이상이어야 하는 분은 예수님뿐이라는 것을 알았으면 좋겠다. 오직 예수님만을 닮고 따라야 한다. 프로그램이나 유행적인 일보다도 남는 것은 사람이 아닌 예수님을 위하고 예수님만을 생각해야 한다고 본다.

특별히 어려운 일이 생길 때도 많이 있었지만 예수님만 바라보면 해결이 되었기에 지금도 그 예수님을 통해서 모든 문제를 향해 돌진하게 되는 것이다.

저나 여러 목사님이나 다 똑같다. 다만 얼마나 예수님을 의지하느냐가 다를 뿐이다.

(면담을 다 끝날 즈음 녹음기를 꺼달라고 부탁하신 후 죄송한 부탁을 드린다면

서 다음과 같이 말씀해 주었다.)

부착한 스티커 · 차량스티커 · 뺏지 · 화려한 이력서 또는 명함 등은 교인들의 정서를 이해하지 못한 소지라고 본다. 왜냐하면 교인들은 이미 목사님들을 영적인 아버지로 모시고 살고 있는 중인데 거기에 더 무엇이 필요 하느냐 하는 것이다.

오히려 교인들에 대한 문제를 찾고, 그들을 찾아가서 사랑해 주되 가급적 교인들을 많이 칭찬해 주어야 한다. 특히 목사님들은 상한 마음으로 설교하지 말자. 왜냐 하면 목사님의 분노심을 통한 설교를 성도들이 받게 되면 역시 그 성도도 담임목사를 향해 당한 만큼 쏟아놓기 때문이다. 성도를 사랑할 줄 아는 목사님이 행복한 목사님이다. 반대로 사랑치 못하고 있다면 행복할 수 없는 목사이다.

지금 성도들은 우리 목사님이 어디에서 무엇을 하고 계시는지 자세히 알고 싶어 한다는 점 때문에 교회사무실 또는 Home Page에 남겨 두는 것도 필요한 일 중의 하나이다. 히브리서 12장 2~3절 말씀을 제일 많이 생각하며 생활하려고 노력 중이다. (주 : "믿음의 주요 또 온전케 하시는 이인 예수를 바라보자 저는 그 앞에 있는 즐거움을 위하여 십자가를 참으사 부끄러움을 개의치 아니하시더니 하나님 보좌 우편에 앉으셨느니라 너희가 피곤하여 낙심치 않기 위하여 죄인들의 이같이 자기에게 거역한 일을 참으신 자를 생각하라.")

A : 바쁘신 중에도 시간을 내주시고 참 귀한 말씀을 주신 것에 대해 감사 드립니다.

제 2 절 평촌제일교회

- 면담장소 : 의왕시노인복지회관 응접실
- 면담일시 : 2003년 4월 4일 (금) 오전11시:30~12:20
- 질 의 자 : 진삼웅 목사

• 응 답 자 : 이원종 실장 겸 사회복지사(평촌제일교회 안수 집사), 대학강사로
  재직 중

Q : 현재의 노인복지 시설을 이용한 전도의 효과는 무엇이라고 생각합니까?

A : 먼저는 교회 홍보면에서는 물론 이용하시는 분들이나 가족들에 대한 전도
에 효과가 크며 현재 약 1,200여명의 출석교인이 계시는데 영혼구원에 있어서 전도
에의 관심을 갖는 호응도 에도 기여했다고 본다.

Q : 교회가 이러한 시설을 이용하여 전도하여야 할 필요성이 있다고 봅니까?

A : 비 인가냐, 인가냐 하는 것은 큰 차이가 없다. 왜냐 하면, 설립이념이나 방법
론의 차이일 뿐이다.

Q : 노년 전도의 효과적인 방안은 무엇이라고 생각하십니까?

A : 이러한 시설보다는 교회의 전도에 실천적인 면을 통했을 때가 영혼 구원에
더욱 효과가 크다고 보며, 시설을 통한 교회 부흥은 그리 크지 않다고 본다. 목회는
전도와 양육을 통한 영적 · 신체적014정서적인 도움과 함께 교회와 지역사회에 기
여해야 한다고 본다. 그러나 20%정도의 등록 효과는 있었다는 것도 사실이다.

Q : 현재의 시설 안에서 신앙활동은 어떻게 직 · 간접적으로 표시하고 있습니
까?

A : 원칙적으로는 기독교만을 강조할 수 없지만 상근직 직원들의 조회에 있어

서, 그리고 초청강사들이 대부분이 독실한 신자이신 분들로서 직·간접적으로 수강생 또는 많은 이용자들에게 신앙 효과를 보여 주고 있다고 본다.

Q : 이러한 사실을 교회가 운영하는데 따른 재정적인 뒷받침이 상당하다고 보여지는데 어떻게 생각합니까?

A : 무엇보다도 운영에 있어서는 효과적인 면이 더욱 크다고 할 수 있습니다. 물론 외부적인 시설 면을 보면 상당히 많은 재정이 소요될 것으로 보여질 것이나 오히려 교회가 구제에 힘쓰는 반면에 복지관은 재활과 각종 복지사업 및 주민교육에 힘쓴다는 점에서는 재정적인 어려움을 감내하게 된다고 생각한다.

Q : 재정적인 해결 외 어려운 점을 교회가 어떻게 해주었으면 좋겠습니까?

A : 시설을 이용하는 양적인 효과가 있는 것은 재정적인 어려움은 없어 보이나 질적인 면에서는 교회를 따를 수 없다는 점에서 앞으로도 질적 신앙적 효과 면을 위해서는 교인들이 더욱 동화되어야 할 것과 사명감을 갖고서 열정적이고 적극적인 참여를 바라고 싶다는 점이다.

Q : 이 기관이 설립된 이후 본 교회의 상황 변동 면에 대해서 말씀해 주십시오.

A : 첫째로, 양적 변화 즉, 외적인 시각이 달라졌다는 점인데 현시대에 맞게끔 변화를 시도한 점이 좋은 평판을 얻게된 것이고, 둘째는, 주위의 좋은 큰 변화가 일어났다는 교인들의 사고 방식에 큰 변화가 일어났다는 점입니다. 구제만을 생각하는 틀에서 자활과 삶의 질적인 면으로 사고 전환이 있었다는 점이 큰 효과라 생각한다.

Q : 교회가 소규모 예산으로 운영하고 있거나 민간인 자격으로 시행하고 있는 점에 대해서는 어떤 견해를 갖고 있습니까?

A : 현재 교회와의 관련된 단체에서 교회복지사 또는 기독교 관련한 복지사의 명칭으로 시설에 수용 또는 운영하는 면에 있어서는 장단점이 있겠으나 항간의 종교시설 내의 좋지 않은 운영자의 나쁜 이미지를 쇄신하기 위해서는 제도와 형식화 안에서 공정성과 투명성 있는 경영 관리가 요청된다는 점을 잊어서는 안될 것입니다.

제 3 절 정동제일교회

- 면담장소 : 정동제일교회 목사실 (서울 중구 정동 소재)
- 면담일시 : 2003년 4월 9일 (수)오후2시~4시
- 질 의 자 : 진삼웅 목사
- 응 답 자 : 서구석 목사(행정 · 교육 · 관리담당)

Q : 현재 경로대학의 운영과 노년 전도와의 관계를 설명해 주십시오.

A : 현재 사회복지 측면에서 점차 영적 교육 즉, 성경공부를 확대하는 편이며, 자녀들이나 사회적인 care문제 등으로 접근하고 있다.

Q : 현재 노인대학을 통해 본 교회에 귀속되는 비율은 어느 정도입니까?

A : 그 경우에는 현재 1~2% 정도 증가추세에 머물고 있어서 재교육 사업으로 평가되고 있다.

Q : 현재 경로대학의 노인 프로그램은 무엇입니까?

A : 5월 8일 어버이날 때에는 어르신 초청잔치, 봄·가을 경로여행 등이다. 또한 가정과 사회와 교회와의 연결을 목적한 노인 교육프로그램 등이라 할 수 있다.

Q : 노년층에 대한 교육 프로그램을 통해 가족과의 전도에도 효과가 있었나요?

A : 대체로 노인들만이 꾸준히 다니고 가족들이 교회에 등록하는 등의 가족전도에는 그다지 효과가 없었다고 본다.

Q : 효율적인 가족 전도와의 연결점은 어떻게 생각합니까?

A : 가정 특히 자녀들에 대한 관심과 가족 가운데 불신자에 대해서는 전도대상으로 삼아야 할 것이 분명하다. 한마디로 극적인 변화를 통해서 하나님께 귀소 되는 긍정적인 면과 그 반대로 반감적인 부정적인 면을 보여 왔음도 간과할 수는 없다. 따라서 단기적인 효과를 기대하기란 쉽지 않다는 것이다.

Q : 경로대학에 참여하는 계층은 수준이 어느 정도 입니까?

A : 적극적으로 참여하시는 분들은, 봉사활동도 잘하고 자신의 건강관리는 물론 서로 서로 관심을 보이는 게 매우 인상적이었으며, 계속적인 의욕을 갖고서 영어회화 등 자신의 활동 반경을 넓히는 분들이 있는가 하면 오히려 쉽게 찾아오는 경우를 발견하게 되었다.

Q : 경로대학을 통해서 본 교회와의 노인들의 전도 효과는 어느 정도입니까?

A : 10년 간에 걸쳐 매주 1회 교육실시와 점심을 제공해 오고있지만 본 교회와의 유대관계는 별로 이루어지질 않고 있다. 겨우 2~5%의 전도 효과가 생기고 마는 현상이 두드러지고 있는데, 어느 교회에서 시도할 경우, 좋은 프로그램을 만들어 고령화 추세에 맞게끔 운영해 보는 것이 좋을 것으로 믿는다.

Q : 노년 전도에 있어서의 특히 유의할 점은 무엇이라고 생각하십니까?

A : 노인들을 잘 돌보아 드리는 것이라고 생각하는데, 보다 적극적이고 삶의 질을 높이되 노인과 가족들과의 동의가 이루어질 때 그 효과가 크다고 믿는다.

Q : 노년 전도를 활성화하기 위한 특별 프로그램을 어떻게 생각해 오셨나요?

A :노년층에 대한 특별한 사명감을 갖고, 특성 있는 교회로서 운영하되, 첫째, 선전(홍보) 가 필요하고, 둘째는 노인들을 대상으로 하는 교회의 특성을 살리고, 셋째는 무의탁노인 또는 무 자녀 노인들을 중심적으로 care 할 일, 넷째는 기타 불우 노인들을 포함한 사업으로 추천할 것과, 다섯째는 지역 내 어려움을 봉착할 때마다 도와주고 협력하면서 도움도 받는 노인목회가 바람직 할 것이다.

Q : 노년 전도의 성공적인 사례가 있는 교회를 발견하셨는지요?

A : 아직까지 그러한 교회를 발견하지는 못했지만 오히려 실용적이고 전문화된 교회라면 언제든지 성공적으로 이룰 수 있다고 본다. 물론 많은 지원을 받아서 되어지기 보다 자립적인 교회가 되어졌을 때에만 가능한 일이라 본다.

Q : 노년 전도에 대한 한국 교회의 vision을 말씀해 주십시오.

A : 노년전도들을 전적 목표로 하고 전문적으로 지 교회를 중심 한 복지 관련 시설을 운영하면서도 노인 교회로서의 특성을 살려 소외 계층과 함께 협의가 되어야 하며, 경제적인 문제가 해결되도록 하는 교회 적인 지원이 가능할 때에는 언제든지 노년 전도의 효과적인 기대를 가져도 좋을 것 같다.

제 4 절 안산제일교회

- 면담장소 : 안산제일교회 응접실(한양대앞역 그랜드월드APT단지내)
- 면담일시 : 2003년 4월 9일 오전 11:30~오후 1:20
- 질 의 자 : 진삼웅 목사
- 응 답 자 : 정명기 목사 (본 교회 담임목사이고 경로식당 운영자이다. 부인 강 명순 사모는 부스러기 선교회 대표)

Q : 현재 안산제일교회에서의 노년 전도를 위한 사업은 무엇인가요?

A : 경로식당 운영에 한하고 있습니다. 우리보다는 감리회 오산 지방 송 민섭 목사의 경우, 그의 노인선교회에서 「노인선교목회를 위한 길라잡이」란 책자를 발간하였는데 경로대학 및 치매노인 선교 센타와 관련된 사항 등 여러 사례를 들어 설명한다. 노인복지 측면에서 본 10~15년전 경로대학에서는, 급식 또는 교육, 여가 활동외 중풍?치매노인들을 주ㆍ야간 보호시설들을 교회가 복지기관 대신하여 운영, 간접 선교를 이루었는데 이를 재가 복지목회라 부를 수 있다. 노인 급식 등으로 양적 성장을 추구해온바, 도시에서는 경로대학 등으로, 농촌에서는 여성노인들을 중심한 노인요양원을 운영해 왔으며, 앞으로는 여가ㆍ여행ㆍ야외 나들이 등으로 노인교인들만이 많이 남게되는 시대에 맞추어 노인 목회는 활성화될 것으로 보인다.

Q : 경로식당을 통한 노년전도에 있어서의 주안점은 무엇입니까?

A : 위탁운영을 하고 있는데, 앞으로는 더 많은 노인들이 나올 것으로 기대되는 바, 그들을 중심으로 해서 속회 예배, 노인 상담 및 방문, 장애인과 재활이 필요한 사람에게도 필요시에 도움을 주고 있다. 근처 새 안산 교회는 목욕 차를 구입한 후 자원봉사자들을 동원해 협력적인 사업을 이루고 있다. 빨래 등으로도 돕고 있다. 특히 재가복지센터 설립한 후 교회 이미지와 전도 효과를 높이는 등 복지활동은 지역사회로 확대하는 봉사활동으로 해야 한다. 특히 고령화 시대에 맞춰 호스피스 활동도 중요해지게 될 것이다.

직·간접 노인복지 사업활동은 결과적으로 교회의 전도에 효과가 있게 된다. 앞으로는 주간보호 등은 물론 여가 활동을 지원할 필요도 있으며, 중풍·치매노인들을 보살펴야 하고, 가족과도 연결되는 면도 생기게 되며, 수혜자들에게 직·간접적인 복음전파 효과를 높일 수 있게 될 것이다.

사회선교 또는 노인복지 등에 집중하게 될 경우, 현재 경제적인 안정을 못한 교회라 할지라도 앞으로는 연금 지급자의 연금혜택을 이용해 자립해 나갈 수 있는 노인 중심 한 교회들이 많이 나올 것이다. 그렇게 되면, 자연히 자원봉사를 활용해 교육과 건강지도 등에 대해서도 충분한 노인목회 대안도 서리라고 본다.

Q : 주5일 근무제 등의 서양의 탈 교회인 현상을 방지하려면 어떠해야 하나요?

A : 그래서 노년부가 필요하고 해당되는 교재 발간 등을 강구해야 한다.

앞으로 조기 은퇴자·퇴직자들을 관리해줘야 하고 노인상담 및 신체 결핍시 진료봉사, 치매노인을 위한 주·야간 보호소 설치, 각종 복지care로 노화방지 등 관심보인다면 일반화될 수밖에 없는 상황이 될 것이고 얼마만큼 비중 있게 관심을 갖느냐가 중요하다.

오래 전부터 노인대학이 가장 일반화 추세 되어 있고, 경로식당도 노인 영양 조리 · 영양식사 공급 등을 활용해 옴으로써 도시락 또는 반찬 배달 써비스, 설문조사 · 자원봉사자들을 활용할 수 있다. 교회는 500~600명 정도가 안정선 이라 보는데, 초기 복지적 마인드가 필요하고 재정적으로 자립한 교회가 노인목회에 관심을 보이거나, 지역교회 또는 지역사회 단체들과의 협력 체계운영도 바람직한 현상이며 국가예산 하에 노인복지를 담당하면 신앙적인 운영과 함께 청장년 부서를 노년부와 연관시키는 협력 하에 둔다면 노인들의 노년기 영적 차원은 전망이 밝다할 수 있겠다.

Q : 노년전도를 통해서 가족전도와의 연결되는 효과는 많습니까?

A : 개인적인 관심으로 출발한다면 분명 효과가 크다고 본다. 분명한 목적의식을 갖고 접근하되 도시의 큰 교회들이 1985년 즈음 노년학교를 시작으로 현재 2000년대에 들어서는 고령화 시대에 노년목회는 필수적이 아닐 수 없다. 서양교회들이 노인들 밖에 있질 않게 되었다. 그러기에 탈 교회 현상이 뚜렷해지는 우리 농촌교회에서는 노인들이 많이 모이게끔 되어있고, 신흥도시에서의 교회에서는 젊은 층들이 모이는 등 각 지역의 특성에 맞게끔 교회 운영을 통해서 가족들에 대한 전도는 가능하다고 본다.

Q : 평소 노년전도 프로그램에 대해 특별히 생각 해오신 점이 있나요?

A : 주로 경로대학과 경로식당 등인데 시설로 운영하든 위탁운영이든 좋은데 그 출발점은 노인 복지적 접근이라는 점이다. 따라서 각 글이나 그림 등의 교육, 이 · 미용 봉사, 의료상담 등의 충분한 예산 적인 뒷받침과 직접 교회가 1~2개 프로

그램을 운영해도 해당 지역에서의 그 반응은 대단히 크다. 또한 지역적인 연합 사업이나 교단 (노회·총회)적인 지원 하에 운영되어 진다면 파급효과는 무척 클 것이다.

지 교회 예산으로는 관심뿐 결국 시도조차 못할 형편이기에 교인들과 지역주민들과의 접근을 오래 전부터 필요로 해오고 있다는 점을 충분히 알아야 한다.

Q : 노인전도 프로그램에 있어서 꼭 필요한 사안은 무엇입니까?

A : 앞으로 전문화된 노인목회 담당 부서가 있어야 한다. 큰 교회 경우에는 교인들의 협력과 재정 운용, 노인들과의 합의가 이뤄질 경우, 실버타운 (Silver Town)도 운영할 수 있다고 본다.

둘째는, 그룹 홈 (Group Home) 즉, 가족 형성을 통해 결손 가정과 독거 노인들로 새로운 가족을 맺어 주는 것이 좋겠다고 생각한다.

일반적으로 개별화를 선호하는 현시대의 점차 청소년의 문제, 집세 및 관리비 등의 비효율적인 지출 등 사회적인 문제를 예방하는 매우 안정적인 교회의 전도 사업이라고 생각된다.

Q : 노년 전도에 있어서 어떤 경우에 투자할 때에 성공할 수 있다고 봅니까?

A : 케이스별 (case by case) 전도라 생각된다. 특히 노년계층에 대한 삶의 질을 어느 정도 높였느냐에 달려있다고 본다. 간헐적으로 취약점도 발견되어지기는 하지만 빈곤층보다 중산층 주민들이 형성된 지역에서 시작하는 것이 보다 그 효과면에서는 낫다고 생각된다.

◆여기에서 필자의 분석과 평가적인 견해는 결코 소규모 자산으로는 시도하기

어려우나 현시대의 황금어장과 같은 노인복지회관을 교회와 성도간의 협력으로 원만히 운영하게 된다면 앞으로도 영구적인 노년 계층의 전도의 효과는 매우 크다고 여겨진다.

제 6 장 결 론

제 1 절 요 약

지금껏 고찰해 왔던 본 논고의 요지는 다음과 같다 ;

1. 성경과 우리 시대의 역사 앞에서 무엇보다도 시급한 이웃을 향한 전도는, 노년 전도부터 비롯되어져야 한다는 점이다. 왜냐하면 세월이 갈수록 세상 문화의 틀 속에 끼어 들어가 빠져나올 힘을 잃고 사는 현대인들 못지 않게 동화되어온 교인들에게서 부모와 스승이나 다름없는 현재의 노년층에 대한 그 영혼 구원사업인 전도야말로 가장 시급한 주요 대상이 아닐 수 없다는 점에서 먼저 성경과 신학의 원리를 살펴보았던 것이다.

2. 세계적인 노년전도와 한국교회사에 나타난 노년전도에 대한 전도 역사물은 대체로 그 기록이 불명확하게 남겨져오고 있다는 점에서 각별한 주의와 함께 주어진 현장 속에서 마주 대하여 온 노년층 전도 방식을 실제적으로 다루어 본 필자와 각 교회의 담임교역자의 관심도를 조심스럽게 개진하면서 점차 노년전도의 시급성을 알리는 계기로 삼았다.

3. 노년전도의 방법과 실제에 대한 연구 과제물들을 부록에 게시하면서 언제든지 적용할 수 있는 근거를 제공하였다. 따라서 본 논고에 의한 노년전도에 방법과 실제에 대해서는, 첫째 성도들의 전도 현장 속에서의 삶을 재현하는 것보다 귀중한 것은 전무후무할 것이라는 점을 강조한다.

둘째, 다양한 전도 방식을 고찰할 연구 자세와 끊임없이 시도해 보는 전도의 역군이 되어져야 노년전도의 삶의 현장에 설 수 있는 자격이 주어진다는 점이요, 셋째, 허구적인 이론이 아니라 생의 희생을 통해서 공생적인 삶을 마련해 가야 한다는 점이요, 넷째, 온 천하를 주고도 얻지 못할 한 영혼의 구원, 특히 노년전도의 전문성을 요구하는 주님의 명령에 순응할 때에 현시대의 교회와 가정과 각 심령의 부활의 소망이 이루어 질 것이라는 점을 밝혔던 것이다.

따라서, 본 논문은 충분치 못할 자료를 토대로 시대적인 결단을 요구하는 결론을 이끌기에는 미력하나마 일조를 기하는 것으로 만족 삼을 뿐이나, 전반적인 내용은 지금도 유효하신 주님의 전도 명령을 각인하여 둔채 노년전도의 삶의 현장 속으로 뛰어들어갈 결단을 촉구하고 있는 것이다.

"너는 말씀을 전파하라 때를 얻든지 못 얻든지 항상 힘쓰라." (딤후 4:2)

제 2 절 제 언

급속한 문화 문명의 전달보다 안일한 성도들의 자세가 점차 세계교회의 전도의 사명을 감당하지 못하게 하는 장애 요소를 꼽을 수 있다는 점에서 현재까지의 노년전도 방법에 대해 새롭게 대처하고 주님의 지상과제를 위임받은 우리 모든 교회와 성도들이 풀어나갈 때에 우리 주님의 칭찬을 받을 만한 교회와 성도가 되어질 것은 분명해진다.

우리 이웃의 한 영혼, 한 영혼을 귀중하게 여긴다면 앞으로 고령화 시대를 맞이하는 우리 교회와 성도들은 노인전문 목회자 양성과 노인전도 프로그램 개발, 노년전도의 활성화를 위해서도 총체적인 대안을 마련하지 않으면 안 되는 것이다.

따라서 학원과 교회, 가정과 사회 간에 연합적인 대책 수립과 삶의 현장 속에 적용시키기 위한 다각적인 시도를 통해 얻게 되어지는 사실들을 토대로 앞날을 대비해야 하겠다.

제 3 절 결 언

그렇게 할 때에 서구화 현상으로 다가오는 교인들의 안일한 삶의 자세를 갱신하고 새로운 신앙관을 정립하면서도 주님의 뜻에 합당한 복음의 전사들이 생성될 것

임은 분명하고, 이 사회의 고령자들에게서 찾으시는 하나님의 뜻에 합당하고 다시
금 활발하게 부흥과 성장의 전성기를 맞이하게 될 것이므로 이제까지 근시안적이
고 너무 피상적으로 대해 왔던 우리의 전도 방식에서 탈피하도록 심도 있게 검토할
것을 마지막으로 간절하게 촉구한다.

참고문헌

1. 국내 서적

강문석 · 이주영, 개인전도학, (서울:성광문화사, 1982)

김경수, 능력받고 땅끝까지, (서울:은혜출판사, 1994)

김남식, 기독교 커뮤니케이션학, (서울:도서출판 베다니, 1999.

김득룡, 현대목회신학 원론, (서울:총신 대학 출판부, 1990)

김대열, 특별은사의 연구, (서울:비브리칼국제신학대학원, 2003)

김복수, 평신도 성경전문대학, (서울:(주) 임마누엘, 1994)

김양태, 허리굽혀 공감하라, (서울:생명의 말씀사, 2000)

김종석, 목회행정을 위한 교회 정치, (군산:개복교회 출판부, 1995)

김종필, 레크레이션 777백과, (서울:도서출판 애향, 2000)

나겸일, 총동원전도와 교회성장, (서울:도서출판 샘물, 1992)

명성훈, 부흥뱅크, (서울:규장문화사, 1999)

맹용길, 목회복지론, (서울:장로회신학대학 충판부, 1997)

박용호, 기독교와 사회 사업, (서울:예수교문서선교회, 1979)

박용규 편, 부흥의 비결, (서울:그린피스츄어, 1992)

박윤선, 성경주석(레위기 · 민수기 · 신명기), (서울:영음사, 1983)

박정해 편, 컨텐츠가 목회를 돕는다, (서울:도서출판 갈릴리, 2003)

방용구, 이렇게 전도할 수 있다면, (서울:도서출판 잠언, 1996

송길원, 장래문화 개발을 위한 10가지 아이디어, (서울:새가정사, 1999)

송남순, 교회에서 노인을 어떻게 교육할 것인가?, (서울:목회와 신학, 1995)

세계목회연구회 편, 전도전략, (서울:도서출판 서로 사랑, 1999)

숭실대학출판부 편, 한국교회 성장둔화 분석과 대책, 1998

신성종, 이런 교회가 성장한다, (서울:도서출판 한나, 1993)

양병무, 감자탕 교회 이야기, (서울:김영사, 2003)

오병학, 겸손과 도리, (서울:예찬사, 1991)

이승익, 노인학교 운영의 실제, (서울:목회와 신학, 1994)

이왕복, 21세기 생활 전도, (서울:애영 커뮤니케이션, 2000)

이중표외, 교회 발전을 위한 전도 개발, (서울:쿰란출판사, 1999)

이중표외, 교회 발전을 위한 치유 개발, (서울:쿰란출판사, 2001)

예장총회전도 전문위원회 편, 21세기전도정책연구, 2002

장종철, 노인을 위한 교회교육프로그램, (서울;노인복지연구회, 1987)

정형철 외, 가족 전도, (서울:아가페출판사, 1999)

조동진, 목회학대사전, (서울:성서교재간행사, 1984)

조재선, 리더를 위한 유머 뱅크1580, (서울:베드로서원, 2002)

차기천, 지역사회선교를 위한 봉사 프로그램가이드, (서울:좋은 생각사, 1994)

천준호, 신앙공동체 훈련 프로그램, (서울:크리스챤리더, 2002)

총회목회대학원 편, 개혁주의 성경연구, 2003. 겨울호

최순남, 우리 나라 노인문제와 교회의 역할, (서울:한신대학출판부, 1983)

최정성, 전도훈련핸드북, 서울:도서출판 애향, 2001

한국교회 장기목회연구원 편, 신세대 목사들의 목회전략, (서울:도서출판 서로사랑, 1997)

한국복음주의 선교신학회 편, 선교를 위한 문화인류학, (서울 : 도서출판 이레서원, 2001)

한국상담선교연구원 편, 상담과 선교, 서울:한국상담선교연구원, 2000.겨울호

호태석, 교회와 노인복지, (서울:도서출판 갈릴리, 2002)

2. 역 서

Autrey, C.E., 기본전도학, 정진황 역, (서울:요단출판사, 1991)

Billie Hanks, Jr., 매일전도, 유용규 역, (서울:쿰란출판사, 1999)

Christian Weiss, G, 참된그리스도인이 되려면, 홍성철 역, (서울:생명의 말씀
사, 1983)

Erison, Erik H. 아동기와 사회, 윤진 · 김인경 역, (서울:중앙적성출판부, 1988)

Martyn, D. 모든 이웃들에게 그릇을 빌라, 권혁제 역, (서울:기독지혜사,
1997)

Moody, D.L. 승리하는 기도, 서울:생명의 말씀사, 1992

Murray, Andrew, 철저한 헌신, 윤종애 역, (서울:생명의 말씀사, 1993)

Osbon, T.L, 신유의 복음, 한영훈 역, 1994

Sweeting, George 전도의 비결, 박제환 역, (서울:생명의 말씀사, 1996)

Terry, John Mark 전도하는 교회가 성장한다, 김태곤 역, (서울:생명의 말씀
사, 2000)

Watson, David 나는 복음을 믿는다, 박영호 역, 1980

Werning, Waldo. J 현대 교회 성장의 생활 전략 정 사무엘 역, (서울:예찬사,
1990)

White, James Emery, 교회 성장 다시 생각해 봅시다, 백광진 역, (서울:한국강
해설교학교, 2001)

3. 논 문

김일재, 노인목회를 통한 교회 활성화 방안, (미국:맥코믹신학대학원 박사논문,
1988)

남일우, 개인전도의 커뮤니케이션에 관한 연구, (부산:고신대학원 석사논문,
1987)

민은옥, A study on useful plan of church Resourse for Welfare Program
of the Low-Income Old-age, (서울:성결대학교 사회개발원, 1998)

박남희, 한국 중·소도시에서의 노인목회를 통한 교회 성장, (서울:총신대 선교
　　　대학원, 2001)

박양조, 노인 목회의 방향 모색, (서울:장로회신학대학원 석사논문, 1984)

배호진, 노인목회의 필요성과 교회적 실천방안에 관한 연구, (서울:총신대학교
　　　대학원 석사논문, 2002)

신유호, 노인목회에 관한 연구, (대전:목원신학대학원 석사논문, 1988)

최병국, 지역사회 노인 봉사를 통한 교회 활성화 방안, (미국:맥코믹신학대학원,
　　　2000)

황용희, 노인복지의 문제와 관련한 노인 목회전략의 한 연구, (대전:목원대학교
　　　신학대학원 석사논문, 1993)

4. 자료집

박재간, 불우노인돕기 결연에 관한 프로그램, (서울:대한사회복지협의회 편,
　　　1980 여름호)

박재간·임춘식, 노인문제 연구보고서 제5집, (서울:한국노인문제연구소,
　　　　　1983)

원곡동 경로식당운영회 편, 할머니·할아버지 힘내세요. 2000

정동제일교회 사회교육부 편, 10년의 발자취, (서울:도서출판 에덴사, 2000)

한국 보건복지부 편, 국민기초생활보장사업 보고서, 2000.

5. 부 록

① 노인학교 프로그램 ② 공급자 지정승인서 ③ 은명마을 안내문 ④ 경로식당
개관 순서 ⑤ 급식 예산서 ⑥ 급식 정산서 ⑦ 사업계획서 ⑧ 경비 청구서 ⑨ 급
식 인원 보고서 ⑩ 증정 명단 ⑪ 추석 선물 증정서 ⑫ 경로관광 정산서 ⑬관광
일정표 ⑭ 관광 신청서 ⑮ 식단표

부 록

\<노인대학 프로그램 운영계획\>

구 분	내 역
1.주제를 선정한다.	예) 노년을 아름답게, 노년을 활기차게, 건강한 노년생활, 즐겁고 새로운 노년생활, 보람찬 은빛 생활
2.목적을 세운다.	예) 1. 노년의 전인건강(영,혼,육)을 도모하여 행복한 삶을 갖게 한다. 2. 노인교육의 기회를 제공하여 환경적응과 여가를 선용케 한다. 3. 노인의 죽음에 대비케 하며 기독교 신앙교육으로 구원받게 한다.
3.과목을 정한다.	1. 지역별로 노인의 욕구와 실태를 파악하여 교육과정을 설정한다. 2. 노인들의 생각, 바라는 것, 배우고 싶은 것 등을 조사하고 기독교적인 교육정책을 세워 운영한다.

\<노인학교 프로그램\>

과 목	내 용
노인복지분야	1. 노년기의 의료복지　　2. 노년기의 간병과 간호 3. 노년기의 여가선용　　4. 노년기의 취업 5. 취업을 위한 구체적인 교육　6. 노년기의 사회환경과 주거환경의 특성
노인과 건강관리	1. 노인정신건강관리와 치료법　2. 성인병의 종류와 치료법 3. 노인건강과 운동요법　　4. 식이요법과 영양관리
노인과 은퇴	1. 은퇴후의 노인건강관리　2. 은퇴 후 여가선용과 활동 3. 은퇴 후 인간관계
노인과 가정	1. 고전의 효 사상과 현대의 효 개념　2. 가정과 노인 역할 3. 고부문제　　　　　　4. 노인과 재혼 5. 새로운 가정교육
사회활동 분야	1. 노인 취미 단체 활동　2. 노인 클럽　3. 자원봉사활동
노년과 죽음	1. 죽음이란 무엇인가? 2. 노인과 자살 3. 죽음에 대한 준비 　-불신자의 죽음　　　　　-호스피스 　-신자의 죽음
노인과 종교	종교의 개념 1. 불교란 무엇인가?　　2. 유교란 무엇인가? 3. 샤머니즘이란 무엇인가?　4. 비교 종교학
기독교와 구원	1. 교회란 무엇인가? 2. 성부, 성자, 성령은 누구인가? 3. 십자가와 구원　4. 죽음과 부활　5. 천국은 있는가?

과 목	내 용
노인과 사회	1. 사회적응 교육 (급변하는 사회적 적응방법) 2. 노인문제와 성격 3. 노인과 지역사회 생활상태 4. 노인과 사회봉사
노인과 취미	1. 원예에 대한 상식 2. 화초 재배 및 관리법 3. 조화 만들기 4. 인형 만들기 5. 등산과 건강 6. 낚시와 건강 7. 바둑과 장기 두는 법 8. 서예의 기본 9. 그림 그리기
시사분야	1. 국내외 정세 2. 정계의 동향
법률분야	1. 호주 상속 2. 재혼문제 3. 노인복지법 해설

<노인학교 프로그램>

노인대학 입학준비

노인대학 운영에 따른 행정은 다음과 같은 것이 있다.

1) 모집인원

2) 교육기간

3) 입학자격

4) 제출서류

5) 원서접수

6) 면접

7) 입학식

8) 졸업식

재정관리는 각 시설의 형편대로 실행하며 입학금 및 수강료는 무료로 운영하기도 하지만 지역에 따라서는 입학생들에게 일부를 납부하게 하여 참여의식을 높이는 효과를 보기도 한다. 여행 학습 프로그램 경비는 때에 따라 자부담 하는 것이 바람직할 수도 있으며 후원회 등을 통하여 효과적으로 운영한다.

학제 운영

노인대학의 학제는 1년 2학기, 2년 4학기 등이 있으나 방학없이 1년 또는 2년제로 운영하는 곳도 있는데 그 이유는 방학을 실시한 이후에 학생을 소집하는데 어려움이 따르기 때문이다. 노인대학은 평생교육 차원으로 이루어지는 특성 때문에 졸업 후에도 계속 수강하게 되는 경우가 많고 따라서 지루함을 덜기 위해 졸업 연한을 두고 실시하되, 규모에 따라서 노인대학원을 설치하여 2년 이상 수업하고 졸업한 자에게 노인대학원의 차별화 교육을 시켜서 보조 강사로 활용하는 것도 바람직하다.

졸업식 행사

노인대학의 학생들은 내일에 대한 생명의 보장이 없기 때문에 일정기간 수업을 필한 자에게 노인대학 졸업식을 거행하되 성대하게 지역의 큰 행사가 되도록 계획하여 가족들과 지역의 유지들이 참여하여 축하하며 효도행사와 연결되도록 실시한다.

초 청 장

______________귀하

안녕하십니까?

　지난해 각계 각층에서 물심양면으로 성원해 주신 가운데　　년　월 개설한 본 ○ ○ 경로대학에서 금번 제 ○ 회 졸업식을 거행하고저 초청하오니 부디 오셔서 축하해 주시고 자리도 빛내 주시기 바랍니다. 감사합니다.

년　　월　　일

일시 :　　년 월 일
장소 : ○ ○ 경로대학 강당
　　　　(주소, 약도, 전화)

○ ○ 경 로 대 학

학 장 ○ ○ ○ 드림

이 때 교회 및 교회복지시설의 소개와 전도의 효과가 나타나게 되며 경로대학의 설립목적인 지역사회 봉사와 선교의 소임을 다하게 될 수 있을 것이다.

졸업증서

성 명 :

　위 사람은 ○○ 경로대학에서 ○ 년 과정을 성실히 수강하였으므로
이에 졸업증서를 수여합니다.

주후　　년　월　일

○○경로대학
학장 ○○○ 드림

노인대학 프로그램

학 장 (　　　　) 직 분 (　　　)

월간프로그램 (주1회)

매　　주 (　　)요일	주　　별	1교시(10:30-11:10)	2교시(11:20-12:00)	비　고
	첫째 주			
	둘째 주			
	셋째 주			
	넷째 주			

주간프로그램 (주 5회)

월 ＼ 구분	월	화	수	목	금

※요일과 시간은 기관의 사정에 따라 편성할 수 있습니다.

음악치료프로그램치료적 의미

교가만들기 (복음가)

치료적 의미	민요풍의 노래는 노인들에게 잘 어울리므로 쉽게 동화되며 복음적인 효과를 얻을 수 있고 교가를 만들어 부를 때 소속감을 얻는다.
준 비 물	"예수님이 좋은걸 어떡합니까" 악보 또는 OHP, 소고
도입부분	– 경음악으로 한두 번 들려준다. – 인도자가 노래를 불러준다. 1. 예수님이 좋은걸 어떡합니까 예수님이 좋은걸 어떡합니까 　　이 세상 어떤 것도 비길 수 없네 예수님이 좋은걸 어떡합니까 2. 날 위해 십자가를 지신 예수님 예수님이 좋은걸 어떡합니까
전개부분	–노래에 익숙해지면 "예수님이 좋아서 여러분도 좋아합니다" 　라고 말하고 가사를 바꾸어 노래를 불러준다. 　"여러분이 좋은 걸 어떡합니까 여러분이 좋은 걸 어떡합니까 　이세상 어떤 것도 비길 수 없네 여러분이 좋은 걸 어떡합니까" –노래에 익숙해지면 소고 연주를 하며 부른다. 　"○○경로대학 노인교실 행복한 모임 　우리 모두 함께 모여 배워나 보세 　이세상 무엇보다 재미있구료 　○○경로대학 좋은 걸 어떡합니까"
토론부분	–노래를 만들어 불러볼 때 기분이 어떻습니까? –만약 가사를 바꾸어 본다면 어디를 고쳐보겠습니까? –연주하며 교가를 불러보게 한다.
유의사항	–모든 참여자가 부를 수 있도록 진행한다.

음악치료프로그램치료적 의미

노래와 함께 율동 체조

치료적 의미	노래를 부르며 율동을 하는 것은 두뇌 활동과 신체 건강에 좋으며 사회성과 자부심 향상에 좋다.
준 비 물	"사랑은 참으로 베푸는 것" 악보 또는 OHP. (사탕)
도입부분	- 사랑에 대해 말한다. (멘트할 때 작게 반주한다.) - 인도자가 노래를 불러준다.
전개부분	-사랑을 모양으로 표현하며 율동을 알려준다. "사랑은 참으로 베푸는 것 베푸는 것 베푸는 것 사랑은 참으로 베푸는 것 더 가지지 않는 것 이상하다 동전 한 닢 움켜 잡으면 없어지고 쓰고 빌려주면 풍성해져 땅위에 가득하네 오! 오! 사랑은 참으로 베푸는 것 더 가지지 않는 것" 2. 섬기는 것 3. 다 주는 것 -율동을 잘 하거나 재미있어 하는 사람에게 인도해보도록 한다. -몇몇 사람과 함께 "베푸는 것"을 율동하며 사탕을 나누어준다.
토론부분	-노래부르며 율동할 때의 느낌이 어떠한가 ? -율동할 때 "섬기는 것" 할 때는 (스킨십) 어떠한가?
유의사항	몸 동작을 크게 하며 여러 사람과 교류하도록 유도한다.

현대교회 노인학기 1학기 프로그램

2003. 3. 4 ~ 5. 1

월	일	요일	시 간	프로그램 및 준비 사항
3월	4	화	10-12	즐거운 찬송 부르기와 함께 기도하기(춤추고,손뼉치며 찬송부르고,짝기도)
	5	수	10-12	종이접기 (본 교회 자원봉사 담당 집사의 지도)
	6	목	10-12	일동 온천 가기 (각자 도시락 준비하여 9시까지 모이기)
	11	화	10-12	빠른 복음성가 부르기와 게임 (빠른 복음성가 부르며 게임)
	12	수	10-12	종이접기
	13	목	10-12	레크레이션 (풍선으로 배구하기)
	18	화	10-12	조용히 성경 읽고 토론하기와 성경 연극 배우기 (에덴동산 이야기 촌극)
	19	수	10-12	건강교실 (뇌졸중의 원인과 예방 : 노원구 보건소 간호사)
	20	목	10-12	레크레이션 (아기들이 하는 미니 볼링 하기)
	24	화	10-12	조용히 성경 읽고 성경 연극 배우기 (에덴동산 촌극)
	25	수	10-12	종이접기
	26	목	10-12	교회 주변 청소하기 (교회 운동장, 주차장 앞 뒤 화단 정리)
4월	1	화	10-12	민요풍의 복음성가 부르기 (북과 장구 준비 : 춤추며 신나게 놀기)
	2	수	10-12	교회 화단에 꽃 심고 나무 심기
	3	목	10-12	찬송하며 함께 고민나누고 한 목소리로 기도하기
	8	화	10-12	조화 만들기 (본교회 자원 봉사자 집사의 지도)
	9	수	10-12	실내 운동회 (투호, 구슬치기, 말 이어하기, 보물찾기 등)
	10	목	10-12	성경읽고 촌극하기 (에서와 야곱 이야기 촌극)
	15	화	10-12	건강교실 (고혈압의 일반적인 이해와 치료 및 예방 : 노원구 보건소 간호사)
	16	수	10-12	그림 그리기 (본 교회를 밑그림으로 그리고 개인 그림 그리기)
	17	목	10-12	성경 읽고 촌극 하기 (아브라함이 이삭 바치는 이야기 촌극)
	22	화	10-12	조화 만들기
	23	수	10-12	그림 그리기 (천지에 노아 방주 그리고 팀별 그림 그리기)
	24	목	10-12	즐거운 복음성가 부르기 (중간 중간에 간증하기)
	29	화	10-12	조화 만들기
	30	수	10-12	그림 그리기 (팀별 그림 완성하기)
5월	1	목	10-12	부흥회 찬송 부르기 (땀나고 손바닥이 아플정도로 충만하게)

현대교회 노인학기 1학기 프로그램

2003. 5. 6 ~ 7. 3

월	일	요일	시 간	프로그램 및 준비 사항
5월	6	화	10-12	조화 만들기
	7	수	10-12	그림 그리기 (팀별 그림 완성하기)
	8	목	10-12	부흥회 찬송 부르기 (땀나고 손바닥이 아플정도로 충만하게)
	13	화	10-12	건강교실 (노년기의 영양관리법 : 노원구 보건소)
	14	수	10-12	조화 만들기 (지금까지 만든 조화 장식 하기)
	15	목	10-12	야외 나들이 (소풍)
	20	화	10-12	야외 나들이 (견학)
	21	수	10-12	야외 나들이 (관람)
	22	목	10-12	성경 읽고 촌극하기 (선한 사마리아 사람 촌극)
	27	화	10-12	모자이크 하기 (공동체 모자이크 : 예수님 얼굴 만들기)
	28	수	10-12	모자이크하기 (예수님 얼굴 완성하기)
	29	목	10-12	찰흙으로 그릇 만들기 (흙놀이 하며 무엇인가 쉬운 것 만들기)
6월	3	화	10-12	찰흙으로 그릇 만들기 (완성품 만들어 전시하기)
	4	수	10-12	성경 읽고 촌극하기 (선한 사마리아 사람 촌극)
	5	목	10-12	레크레이션 (풍선놀이, 과자 따먹기, 고리 던지기, 땀 씻어 주기)
	10	화	10-12	야외 나들이 가기 (미사리에 가서 공놀이 하기)
	11	수	10-12	복음성가 부르며 춤추고 게임하기
	12	목	10-12	건강교실 (요통 및 치매 예방 운동 : 노원구 보건소 운동 처방사)
	17	화	10-12	일동 온천 가기 (9시까지 목욕 준비하고 모이기)
	18	수	10-12	찬송하며 기도하기 (두사람씩 짝 지어 고민 나누고 기도하기)
	19	목	10-12	건강교실 (퇴행성 관절염예방과 운동 : 노원구 보건소 운동 처방사)
	24	화	10-12	백화점 놀러가기
	25	수	10-12	찬송하며 감사기도 하기
	26	목	10-12	복음성가 부르며 자녀들에게 편지쓰기
7월	1	화	10-12	성경 읽으며 방학 계획 세우기 (작품 전시회 꾸미기)
	2	수	10-12	찬양 부르기, 함께 기도하기
	3	목	10-12	레크레이션

현대교회 노인학기 2학기 프로그램

2003. 9. 16 -11. 20

월	일	요일	시 간	프로그램 및 준비 사항
9월	16	화	10-12	모자이크 대형 그림 그리기 (대형 모조지에 밑그림 그리기)
	17	수	10-12	온천으로 목욕하러 가기 (도시락 준비)
	18	목	10-12	민요 부르기, 성경 읽기, 함께 기도하기 (장구 준비)
	24	화	10-12	꽃 만들기 (조화 용지 준비)
	25	수	10-12	레크레이션 (풍선으로 배구하기)
	30	목	10-12	복음성가 배우기, 고민 이야기 하기, 함께 기도하기
10월	7	화	10-12	그림 그리기 (밑그림, 크레용 준비)연극 배우기 (에덴동산 이야기 촌극)
	8	수	10-12	동요 배우기, 함께 기도하기
	9	목	10-12	찰흙으로 만들기 (찰흙)
	14	화	10-12	생일 축하 : 케이크 자르고 레크레이션하기
	15	수	10-12	복음성가 부르며 기도하기
	16	목	10-12	강의 듣기 (보건소에서 환절기 건강에 대하여)
	21	화	10-12	강의 듣기 (보건소에서 환절기 건강에 대하여)
	22	수	10-12	민요 배우기, 장구 치기, 민요 부르며 춤추기
	23	목	10-12	실내 볼링대회 (볼링준비)
	28	화	10-12	영화관에 가서 영화 감상하기
	29	수	10-12	찬송 부르기 , 고민 이야기 하기, 함께 기도하기
	30	목	10-12	모자이크 (밑그림, 색종이, 풀)
11월	4	화	10-12	국민 과학관 관람가기
	5	수	10-12	복음성가 부르기, 옛날 속상했던 대화 나누기, 함께 기도하기
	6	목	10-12	종이 접기 (색종이)
	11	화	10-12	꽃꽂이 (생화 준비:교회 꽃꽂이 집사님)
	12	수	10-12	풍물 배우기 (북, 꽹과리, 장구, 징)
	13	목	10-12	복음성가 부르기, 성경 읽기, 함께 기도하기
	18	화	10-12	온천 가기 (오전 9시 출발:김밥 준비)
	19	수	10-12	그림 그리기 (팀별 그림 완성하기)
	20	목	10-12	레크레이션 (투호, 윷놀이, 고리 던지기)

현대교회 노인학기 2학기 프로그램

2003. 11. 25 - 12. 18

월	일	요일	시 간	프로그램 및 준비 사항
11월	25	화	10-12	찬송하며 기도하기
	26	수	10-12	꽃꽂이 (생화준비:교회 꽃꽂이 집사님)
	27	목	10-12	종이접기 (색종이)
12월	2	화	10-12	복음성가 부르기, 성경읽기, 함께 기도하기
	3	수	10-12	꽃꽂이 (생화준비:교회 꽃꽂이 집사님)
	4	목	10-12	레크레이션 (풍선으로 배구하기)
	9	화	10-12	조용히 성경 읽고 토론하기와 성경 연극 배우기 (에덴동산 이야기 촌극)
	10	수	10-12	조화 꽃 만들기 (조화용 색종이 준비)
	11	목	10-12	레크레이션 (투호, 윷놀이, 고리 던지기)
	16	화	10-12	성탄 노래 부르기, 크리스마스 장식하기
	17	수	10-12	조화 꽃 만들기 (조화용 색종이 준비)
	18	목	10-12	성탄 축하 파티 (간식, 즐거운 게임)

경로대학 개강 예배

사 회 : 진삼웅 목사 (현대교회)   일 시 : 2003. 3. 8 오후 2:00

장 소 : 현대교회예배실

묵 도(신앙고백) ··다 같 이

찬 송 ····························사철에 봄바람 (305) ·····························다 같 이

기 도··서 흥 옥 권사

성경봉독 ························딤후 4:1-5 ····························사 회 자

특별찬송 ··본교회성가대

설 교 ······················말씀을 전파하라 ·····················하정호 목사

(천양중앙교회)

학사보고 및 교사소개

광고 1. 참석자들에게 감사드립니다.

   2. 학사일정표를 지참하세요.

축 도(폐회)··하정호 목사

현대교회 노인학교 학생모집 안내

1. 목 적

노인은 하나님의 형상과 모습을 갖고 하나님 나라와 현대사회와 교회발전에 큰 기여를 하였다. 그러나 오늘날 노인은 가장 소외되어 교회와 사회의 도음을 받아야 할 처지에 놓여 있다. 이에 본 교회는 노인교육을 통하여 노인들에게 하나님의 형상을 회복하고 사람으로서 사람답게 살게하고 삶의 질 향상을 지원하는데 목적을 둔다.

2. 교육내용

1) 노인들로 하여금 신앙교육과 신앙적 활동을 통하여 평생교육을 이념으로 한다.
2) 대내활동 :
   노인학교 학생 상호간 신앙으로 하나님의 창조세계를 이해하고 견학과 시찰을 통해 견문을 넓히고 사회의 이웃 봉사를 통해 보람된 인생을 살게 한다.

3. 입학자격 및 모집인원

1) 만 60세 이상된 남녀
2) 종교에 관계없고 본교 규칙을 준수할 수 있는 분
3) 남 · 녀 각 100명

4. 제출서류

1) 입학원서 (본교에서 배부함)　2) 증명용 사진 3매

5. 제출기일 : 2003년 3월 8일 – 2003년 4월 5일까지

6. 면　접 : 2003년 3월 11일 오전 10시

7. 제출장소 : 본교 교무처

현대교회 노인학교장 진 삼 웅 목사

2. 현대교회 노인학교 입학지원서

성 명	한글 한문			성 별	남 여	본적 주소			종교 전화	
생년월일		년 (만	월 세)		일생	주민등록번호				

사 진	학 력		년 월 일부터 년 월 일까지	
			년 월 일부터 년 월 일까지	
			년 월 일부터 년 월 일까지	
	경 력		년 월 일부터 년 월 일까지	
			년 월 일부터 년 월 일까지	
			년 월 일부터 년 월 일까지	
			년 월 일부터 년 월 일까지	
			년 월 일부터 년 월 일까지	

가 족 사 항	성 명	관계	학 력	직 업	성 명	관계	학 력	직 업

보증인		주소		관계		직업	

　본인이 귀 노인학교에 입학하고자 소정의 서류를 갖추어 지원하오니 허락하여 주시기 바랍니다.

년　　　월　　　일

지원자　　　　　　(인)

보증인　　　　　　(인)

현대교회 노인학교장 귀하

3. 현대교회 노인학교 학적부

<table>
<tr><td rowspan="2">이름</td><td>(한글)</td><td></td><td>성별</td><td colspan="2">남, 여</td><td rowspan="3">사진</td></tr>
<tr><td>(한문)</td><td></td><td>생년월일</td><td colspan="2">년　　월　　일 음력
년　　월　　일 양력</td></tr>
<tr><td colspan="2">본 적</td><td colspan="4"></td></tr>
<tr><td colspan="2">현주소</td><td colspan="3">시　　　동　　번지　　통　　반
아파트　　　　동　　　　호</td><td>전화</td><td></td></tr>
<tr><td colspan="2">주민등록번호</td><td colspan="2"></td><td>띠</td><td colspan="2"></td></tr>
<tr><td colspan="2">종 교</td><td>기독교, 천주교
불교, 유교, 기타</td><td>취미
특기</td><td></td><td>직업</td><td>(과거)
(현재)</td></tr>
</table>

동 거 가 족 사 항

이 름	관 계	직 업	이 름	관 계	직 업

※기타 (노인학교에 건의 사항이나 신상에 관한 문제 등 적고 싶은 것이 있으면 적어 주세요)

공급자(무료급식단체) 지정승인서

1. 단 체 명 : 은 명 마 을

2. 대 표 자 : 김 경 희 (실무대행자 : 진삼웅)

3. 주소(소재지) : 서울특별시 노원구 중계본동 58-64
　　　　　　　　 늘림빌딩 4층 현대교회

상기단체를 『무료급식용 정부미 공급요령』에 의거 복지
사업용 쌀을 공급받는 무료급식단체로 지정승인합니다.

- 승인조건 : 지정된 단체에서는 공급받는 정부미에 대하여는
　　　　　　 무료급식 용도로만 사용

- 처벌규정 : 지정용도외 정부양곡 사용·처분시 3년이하의
　　　　　　 징역 또는 1천만원이하의 벌금

2002년　10월　2일

노 원 구 청 장

은명마을 김경희 귀하

♥ 은 명 마 을 ♥

서울시 노원구 중계본동 58-64호 득림빌딩 5층
(시내버스 1221,1441,1443 종점 노원우체국 맞은편)
☎930-1409,0091   H.P 016-734-8091
http://www.emv.or.kr

은명가족에게 드리는 말씀!

노원의 가난하고 힘없고 작은 가정들이 모여서 가족 공동체인 은명마을을 이루었습니다.

이제 우리에게 열등감과 외로움은 없을 것이며 꿈과 희망이 있을 뿐 입니다.

우리에게 은명마을의 정신이 있는 한 좌절이나 패배가 있을 수 없습니다.

우리는 한 뜻으로 뭉쳐서 서로 위로하고 도와주는 가족 정신으로 하나가 될 것입니다.

은명 가족으로서의 자부심과 긍지를 가지시기 바랍니다.

일하는 사람들

은명마을대표 : 김경희 (은명내과원창, 한국간협회회장)

실 무 책 임 자 : 진삼웅 (현대교회 담임목사)

실 무 간 사 : 신정옥

은명마을 이란

노원지역 주민 여러분!

은명마을은 생명사랑과 인간회복을 이념으로 하는 "가정공동체"를 말합니다.

가난하고 병들고 소외당한 사람들이 서로 돕고 위로하며 고난과 기쁨을 함께 나누는 행복한 마을을 만들고 싶습니다.

우리가 뭉치면 우리의 삶이 외롭지 않고 기쁨과 희망이 넘칠 것이요, 정신적으로나 물질적으로 생활의 질은 향상 될 것입니다.

본인은 16년전인 1984년부터 오늘까지 이 지역에서 미력하나마 의료봉사·장학사업·무료심부름·무료 독서실등 이웃돕기 사업을 진행시키고 있습니다.

팔순이 넘는 나이로 본인의 최후의 소망은, 노원지역에 기쁨과 행복이 넘치는 영세민들의 이상적 낙원을 만드는 것입니다.

뜻 있는 주민 여러분의 협조와 동참을 바랍니다.

2000. 5

은명마을의 사업

1. 은명마을 가족은 영세민, 무의탁노인, 장인중 더욱 어려운 분을 선택해서 도움을 드리는 "가정공동체"입니다. 이분들은 아래와 도움을 받을 수 있게 됩니다.
2. 일정기간, 일정액의 생활비를 보조해 드립니다.
3. 집안에 법률적 문제나 행정적 문제가 발생하였을 때 문제해결을 위해 협력하겠습니다.
4. 가정용품, 생활용품 등의 고장이난 파손을 수리하는 일이나 집안의 보수 공사가 필요할 때 협조해 드립니다.
5. 질병에 관한 일절의 의료상담을 받습니다. 왕진이 필요한 환자와 치료가 필요하나 보행이 어려운 환자는 신청 즉시 방문 진료해 드립니다.
6. 생일과 관혼상제에 있어서는 기쁨과 슬픔을 같이 하고 싶습니다.
7. 앞으로 새로운 사업계획을 추가 시킬 것입니다.
8. 은명마을을 위한 좋은 의견과 요구사항을 수렴하겠습니다.

은 명 마 을 경 로 식 당

■ 개 관 순 서 ■

일시 : 2001. 7. 2 (월) 오후 4시 30분

장소 : 은 명 마 을 (득림빌딩 5층)

사회 : 진삼웅 (현대교회 담임목사)

은명마을 총무

■ 16:30 초청인사소개 ·· 사회자

■ 16:35 경과 보고 ·· 사회자

■ 16:40 인사말 ··· 김경희 은명마을대표

■ 16:50 축 사 ··· 이기재 노원구청장

■ 17:00 광 고 ·· 사회자

■ 17:05 축 도 (폐 회) ······································· 최홍식 목사

(노원구 예장합동 교회협의회장)

☞ 바쁘신 중에도 이 자리를 빛내 주신 구청장님과 내외빈 여러분께 진심으로 감사

드립니다.

경로 급식 준비 물품 및 예산 계획서

1. 이름표 100 개   10,000 원
2. 회원 관리 카드   10,000 원
3. 현수막 1 매 (부착 포함)   50,000 원
4. 주방 전담 1명 : 인건비   600,000 원
   보조 1명 : 인건비   300,000 원
5. 1인당 배식   1,500 × 50명 × 25일   1,875,000 원
6. 주방전용 씽크대 및 수납장   380,000 원
7. 식판 60개 × 3,800원 (밥,국,반찬3)   228,000 원

     합 계   3,780,000 원

위와 같이 경로 급식 계획서를 올립니다.

작성일 : 2001년 6월 15일

작성자 : 은명마을 간사 신정옥

경로 급식 준비 물품 및 예산 계획서

1. 이름표 100 개   10,000 원
2. 회원 관리 카드   10,000 원
3. 현수막 1 매 (부착 포함)   50,000 원
4. 주방 전담 1명 : 인건비   600,000 원
   보조 1명 : 인건비   300,000 원
5. 1인당 배식   1,500 × 50명 × 25일   1,875,000 원
6. 주방전용 씽크대 및 수납장   380,000 원
7. 식판 60개 × 3,800원 (밥,국,반찬3)   228,000 원
8. 개관식 기념품(타올70개x2,000)   140,000원
9. 개관식 기념 떡 1말   40,000원
10. 수박 3통   3,663,000원
    합   계   3,663,000 원

위와 같이 경로 급식 계획서를 올립니다.

작성일 : 2001년 6월 23일

작성자 : 은명마을 간사 신정옥

8월 급식비 정산 보고서

쌀 10포	480,000 원
부식비	1,323,000 원
냉면기 50개 구입	100,000 원
후라이팬(대형)	47,000 원
전기, 수도요금	100,000 원
가스요금	19,000 원
주방 직원 급료(7월분)	900,000 원
합 계	2,969,000 원
8월 청구금액	3,020,000 원
8월 현금잔고	51,000 원

작성일 : 2001년 8월 30일

작성자 : 은명마을 간사 신정옥

은명마을 경로식당 7월 급식비 정산

쌀 20kg 10포(47,600)	476,000 원
부식비 (음식 재료 및 양념)	1,255,000 원
간식비 (과일,음료수 외)	100,000 원
가스 사용료 7월분	44,500 원
전기, 수도 요금 7월분	200,000 원
주방 직원 급료 6월분	900,000 원
오물 수거비 (음식찌꺼기)	40,000 원

합　계	3,015,500 원

6월 현금잔고	:	112,970 원
7월 입 금 액	:	3,000,000 원
7월 현금잔고	:	97,470 원

작성일 : 2002년　7월　31일

작성자 : 은명마을 간사 신정옥

은명마을 경로식당 8월 급식비 정산

쌀 20kg 10포(47,600)	476,000 원
부식비 (음식 재료 및 양념)	1,264,000 원
간식비 (과일,음료수 외)	100,000 원
가스 사용료 8월분	43,000 원
전기, 수도 요금 8월분	200,000 원
주방 직원 급료 7월분	900,000 원
오물 수거비 (음식찌꺼기)	40,000 원
합　　계	3,023,000 원

7월 현금잔고 :	97,470 원
8월 입 금 액 :	3,000,000 원
8월 현금잔고 :	74,470 원

작성일 : 2002년　8월　30일

작성자 : 은명마을 간사 신정옥

은명마을 경로식당 9월 급식비 정산

쌀 20kg 10포(45,600)	456,000 원
부식비 (음식 재료 및 양념)	1,345,000 원
간식비 (과일,음료수 외)	100,000 원
가스 사용료 9월분	45,000 원
전기, 수도 요금 9월분	200,000 원
주방 직원 급료 8월분	900,000 원
주방 직원 추석 수고비	100,000 원
오물 수거비 (음식찌꺼기)	40,000 원

합   계   3,186,000 원

8월 현금잔고 :   74,470 원

8월 입 금 액 :   3,000,000 원

7월 현금잔고 :   -111,530 원

작성일 : 2002년 9월 30일

작성자 : 은명마을 간사 신정옥

은명마을 사업 6월 계획서

1. 구제금 지급 : 매월 40명을 적정 인원으로 하되 생활 빈곤자에게 한하여
지급합니다.(1인당 5만원씩)

2. 순회 진료 : 은명마을 가족 중 신청자에 한하며 평일 저녁 시간을 활용합
니다.(예상 인원 월 30 명 정도)

3. 청소년 야외 견학 : 일시 – 2001년 6월 6일 오전 10시
장소 – 수락산 계곡
소요 경비 : 중식 및 간식, 상품, 기념품 지급
예상 인원 20 명 (15 만원)

4. 성경책 증정 : 10 명 (15 만원)

5. 생일 케이크 증정

6. 여름 속내의 증정 : 은명마을 가족 70세 이상자에 한해 지급
30 명 (30 만원)

위와 같이 사업 계획을 보고 합니다.

작성일 : 2001 년 6월 2일

작성자 : 신정옥

은명마을 정기모임 경비 청구서

1. 불고기 및 부식비   200,000 원

2. 꿀떡 1 말   55,000 원

3. 꽃꽂이   40,000 원

4. 기념 상품비   65,000 원

합　　계   3,186,000 원

작성일 : 2002년　12월　14일

작성자 : 은명마을 간사 신정옥

은명마을 8월 정기 모임 준비 물품 경비 청구서

1. 불고기 식사		150,000 원
2. 떡 1말		50,000 원
3. 과일		30,000 원
4. 꽃꽂이		30,000 원
5. 레크레이션 상품비		30,000 원
6. 인터넷 웹호스팅비		17,000 원
7. 한국통신 인터넷 사용료 8월분		50,000 원
8. 고정금씨 의료보험료 8월분		40,000 원
합 계		397,000 원

작성일 : 2001년 8월 15일

작성자 : 은명마을 간사 신정옥

은명마을 6월 식사 및 경비 청구서

1. 불고기 식사 준비 (50인분)   200,000 원

 2. 떡 1말   40,000 원

3. 레크레이션 상품 3,00x40   120,000 원

4. 꽃꽂이   20,000 원

5. 인터넷 웹호스팅비 6월분   17,000 원

6. 인터넷 한국통신 사용료 6월분   50,000 원

7. 고정금씨 의료보험료 6월분   40,000 원

합　　　계   487,000 원

작성일　:　2001년　6월　15일

작성자　:　은명마을 간사 신정옥

경로 급식 준비 물품 경비 정산보고서

1. 이름표 100개 (350원) 35,000 원
2. 회원관리 카드 및 파일 (70개) 28.500 원
3. 장기 1조 9,000 원
4. 현수막 2매 (실외용, 실내용) 20,000 원
5. 씽크대 376,000 원
6. 씽크대 추가 제작 450,000 원
7. 식판 60개 228,000 원
8. 식판 추가 구입 10개 38,000 원
9. 반찬기 3조 37,200 원
10. 수건 100매 150,000 원
11. 책장 제작 500,000 원
12. 떡 1말 (꿀떡) 50,000 원
13. 수박 3통 30,000 원
14. 음료수 10,000 원
15. 현판제작비(택배비포함) 95,000 원
16. 전기 공사비 220,000 원
17. 포로라이드 카메라 1대구입 105,000 원
18. 휴게실용 의자 7개 구입 105,000 원
19. 최흥식 목사 축도 사례비 100,000 원
20. 현관문 거울 제작비 80,000 원
21. 급식비 1,875,000 원

합   계 4,639,700 원
청구비 입금 2,770,000 원
현금잔고 - 1,869,700 원

작성일 : 2001년 6월 15일
작성자 : 은명마을 간사 신정옥

은명마을 경로식당 7월 배식 인원 보고서

월 일 요일	급식인원	누 계	월 일 요일	급식인원	누 계
7월2일(월)	62 명	62 명	18일(수)	47 명	730 명
3일(화)	51 명	113 명	19일(목)	48 명	778 명
4일(수)	52 명	165 명	20일(금)	51 명	829 명
5일(목)	53 명	218 명	22일(일)	51 명	880 명
6일(금)	52 명	270 명	23일(월)	40 명	920 명
8일(일)	51 명	321 명	24일(화)	38 명	958 명
9일(월)	48 명	369 명	25일(수)	43 명	1001 명
10일(화)	51 명	420 명	26일(목)	36 명	1037 명
11일(수)	54 명	474 명	27일(금)	41 명	1078 명
12일(목)	53 명	527 명	29일(일)	43 명	1121 명
13일(금)	50 명	577 명	30일(월)	49 명	1170 명
15일(일)	54 명	631 명	31일(화)	40 명	1210 명
16일(월)	52 명	683 명			
			월 계 :		1,210 명
			총 합 계 :		1,210 명

작성일 : 2001년　7월　31일

작성자 : 은명마을 간사 신정옥

은명마을 경로식당 8월 배식 인원 보고서

월 일 요일	급식인원	누 계	월 일 요일	급식인원	누 계
8월1일(수)	51 명	51 명	21일(화)	57 명	722 명
2일(목)	53 명	104 명	22일(수)	47 명	769 명
3일(금)	48 명	152 명	23일(목)	59 명	828 명
5일(일)	56 명	208 명	24일(금)	58 명	886 명
9일(목)	55 명	263 명	26일(일)	53 명	939 명
10일(금)	49 명	312 명	27일(월)	48 명	987 명
12일(일)	46 명	358 명	28일(화)	59 명	1046 명
13일(월)	42 명	400 명	29일(수)	51 명	1097 명
14일(화)	51 명	451 명	30일(목)	53 명	1150 명
16일(목)	57 명	508 명	31일(금)	47 명	1197 명
17일(금)	43 명	551 명			
19일(일)	57 명	608 명			
20일(월)	57 명	665 명			
				월 계 :	1,197 명
				총 합 계 :	2,407 명

작성일 : 2001년 8월 31일

작성자 : 은명마을 간사 신정옥

은명마을 경로식당 9월 배식 인원 보고서

월 일 요일	급식인원	누 계	월 일 요일	급식인원	누 계
9월2일(일)	60 명	60 명	17일(월)	58 명	786 명
3일(월)	57 명	117 명	18일(화)	56 명	842 명
4일(화)	59 명	176 명	19일(수)	62 명	904 명
5일(수)	62 명	238 명	20일(목)	54 명	958 명
6일(목)	63 명	301 명	21일(금)	55 명	1013 명
7일(금)	55 명	356 명	23일(일)	65 명	1078 명
9일(일)	50 명	406 명	24일(월)	52 명	1130 명
10일(월)	54 명	460 명	25일(화)	53 명	1183 명
11일(화)	56 명	516 명	26일(수)	55 명	1238 명
12일(수)	52 명	568 명	27일(목)	59 명	1297 명
13일(목)	48 명	616 명	28일(금)	61 명	1358 명
14일(금)	55 명	671 명	30일(일)	54 명	1412 명
16일(일)	57 명	728 명			
			월　계　：		1,412 명
			총 합 계　：		3,819 명

작성일 : 2001년　9월　30일

작성자 : 은명마을 간사 신정옥

은명마을 경로식당 10월 배식 인원 보고서

월 일 요일	급식인원	누 계	월 일 요일	급식인원	누 계
10월4일(목)	55 명	55 명	19일(금)	65 명	758 명
5일(금)	53 명	108 명	21일(일)	69 명	827 명
7일(일)	61 명	169 명	22일(월)	50 명	877 명
8일(월)	50 명	219 명	23일(화)	48 명	925 명
9일(화)	56 명	275 명	24일(수)	55 명	980 명
10일(수)	54 명	329 명	25일(목)	53 명	1033 명
11일(목)	48 명	377 명	26일(금)	57 명	1090 명
12일(금)	51 명	428 명	28일(일)	59 명	1149 명
14일(일)	61 명	489 명	29일(월)	51 명	1200 명
15일(월)	53 명	542 명	30일(화)	54 명	1254 명
16일(화)	47 명	589 명	31일(수)	55 명	1309 명
17일(수)	45 명	634 명			
18일(목)	59 명	693 명			
				월 계 :	1,309 명
				총 합 계 :	5,128 명

작성일 : 2001년 10월 31일

작성자 : 은명마을 간사 신정옥

은명마을 경로식당 11월 배식 인원 보고서

월 일 요일	급식인원	누 계	월 일 요일	급식인원	누 계
11월1일(목)	49 명	49 명	16일(금)	60 명	728 명
2일(금)	50 명	99 명	18일(일)	62 명	790 명
4일(일)	48 명	147 명	19일(월)	51 명	841 명
5일(월)	52 명	199 명	20일(화)	47 명	888 명
6일(화)	53 명	252 명	21일(수)	48 명	936 명
7일(수)	51 명	303 명	22일(목)	53 명	989 명
8일(목)	55 명	358 명	23일(금)	54 명	1043 명
9일(금)	50 명	408 명	25일(일)	69 명	1112 명
11일(일)	64 명	472 명	26일(월)	47 명	1159 명
12일(월)	50 명	522 명	27일(화)	50 명	1209 명
13일(화)	45 명	567 명	28일(수)	46 명	1255 명
14일(수)	48 명	615 명	29일(목)	48 명	1303 명
15일(목)	53 명	668 명	30일(금)	51 명	1354 명
				월 계 ：	1,354 명
				총 합 계 ：	6,482 명

작성일 : 2001년 11월 30일

작성자 : 은명마을 간사 신정옥

은명마을 경로식당 12월 배식 인원 보고서

월 일 요일	급식인원	누 계	월 일 요일	급식인원	누 계
12월2일(일)	62 명	62 명	17일(월)	47 명	750 명
3일(월)	53 명	115 명	18일(화)	52 명	802 명
4일(화)	54 명	169 명	19일(수)	55 명	857 명
5일(수)	50 명	219 명	20일(목)	48 명	905 명
6일(목)	55 명	274 명	21일(금)	45 명	950 명
7일(금)	49 명	323 명	23일(일)	60 명	1010 명
9일(일)	65 명	388 명	24일(월)	50 명	1060 명
10일(월)	56 명	444 명	26일(수)	48 명	1108 명
11일(화)	51 명	495 명	27일(목)	47 명	1155 명
12일(수)	48 명	543 명	28일(금)	53 명	1208 명
13일(목)	49 명	592 명	30일(일)	65 명	1273 명
14일(금)	47 명	639 명	31일(월)	45 명	1318 명
16일(일)	64 명	703 명			
			월 계 :		1,318 명
			총 합 계 :		7,800 명

작성일 : 2001년 12월 31일

작성자 : 은명마을 간사 신정옥

은명마을 경로식당 1월 배식 인원 보고서

월 일 요일	급식인원	누 계	월 일 요일	급식인원	누 계
1월2일(수)	47 명	47 명	17일(목)	42 명	696 명
3일(목)	53 명	100 명	18일(금)	51 명	747 명
4일(금)	51 명	151 명	20일(일)	61 명	808 명
6일(일)	58 명	209 명	21일(월)	46 명	854 명
7일(월)	45 명	254 명	22일(화)	45 명	899 명
8일(화)	48 명	302 명	23일(수)	52 명	951 명
9일(수)	51 명	353 명	24일(목)	53 명	1004 명
10일(목)	50 명	403 명	25일(금)	49 명	1053 명
11일(금)	45 명	448 명	27일(일)	59 명	1112 명
13일(일)	64 명	512 명	28일(월)	47 명	1159 명
14일(월)	46 명	558 명	29일(화)	47 명	1206 명
15일(화)	44 명	602 명	30일(수)	48 명	1254 명
16일(수)	52 명	654 명	31일(목)	46 명	1300 명
				월 계 :	1,300 명
				총 합 계 :	9,100 명

작성일 : 2002년 1월 31일

작성자 : 은명마을 간사 신정옥

은명마을 경로식당 2월 배식 인원 보고서

월 일 요일	급식인원	누 계	월 일 요일	급식인원	누 계
2월1일(금)	55 명	55 명	20일(수)	45 명	746 명
3일(일)	68 명	123 명	21일(목)	52 명	798 명
4일(월)	56 명	179 명	22일(금)	57 명	855 명
5일(화)	50 명	229 명	24일(일)	63 명	918 명
6일(수)	49 명	278 명	25일(월)	46 명	964 명
7일(목)	47 명	325 명	26일(화)	50 명	1014 명
8일(금)	53 명	378 명	27일(수)	50 명	1064 명
10일(일)	50 명	444 명	28일(목)	55 명	1119 명
14일(목)	48 명	492 명			
15일(금)	51 명	543 명			
17일(일)	58 명	601 명			
18일(월)	47 명	648 명			
19일(화)	53 명	701 명			
				월 계 :	1,119 명
				총 합 계 :	10,219 명

작성일 : 2002년 2월 28일

작성자 : 은명마을 간사 신정옥

은명마을 경로식당 3월 배식 인원 보고서

월 일 요일	급식인원	누 계	월 일 요일	급식인원	누 계
3월3일(일)	60 명	60 명	18일(월)	48 명	716 명
4일(월)	39 명	99 명	19일(화)	54 명	770 명
5일(화)	54 명	153 명	20일(수)	51 명	821 명
6일(수)	56 명	209 명	21일(목)	57 명	878 명
7일(목)	48 명	257 명	22일(금)	50 명	928 명
8일(금)	45 명	302 명	24일(일)	64 명	992 명
10일(일)	62 명	364 명	25일(월)	52 명	1044 명
11일(월)	47 명	411 명	26일(화)	56 명	1100 명
12일(화)	45 명	456 명	27일(수)	49 명	1149 명
13일(수)	53 명	509 명	28일(목)	46 명	1195 명
14일(목)	52 명	561 명	29일(금)	45 명	1240 명
15일(금)	48 명	609 명	31일(일)	61 명	1301 명
17일(일)	59 명	668 명			
			월 계 :		1,301 명
			총 합 계 :		11,520 명

작성일 : 2002년 3월 31일

작성자 : 은명마을 간사 신정옥

은명마을 경로식당 4월 배식 인원 보고서

월 일 요일	급식인원	누 계	월 일 요일	급식인원	누 계
4월1일(월)	43 명	43 명	17일(수)	47 명	751 명
2일(화)	45 명	88 명	18일(목)	52 명	803 명
3일(수)	48 명	136 명	19일(금)	50 명	853 명
4일(목)	50 명	186 명	21일(일)	63 명	916 명
7일(일)	60 명	294 명	22일(월)	51 명	967 명
8일(월)	49 명	343 명	23일(화)	48 명	1015 명
9일(화)	51 명	394 명	24일(수)	51 명	1066 명
10일(수)	48 명	442 명	25일(목)	55 명	1121 명
11일(목)	53 명	495 명	26일(금)	47 명	1168 명
12일(금)	51 명	546 명	28일(일)	59 명	1227 명
14일(일)	59 명	605 명	29일(월)	48 명	1275 명
15일(월)	45 명	650 명	30일(화)	45 명	1320 명
16일(화)	54 명	704 명			
			월　계　：　1,320 명		
			총 합 계　：　12,840 명		

작성일 : 2002년　4월　30일

작성자 : 은명마을 간사 신정옥

은명마을 경로식당 5월 배식 인원 보고서

월 일 요일	급식인원	누 계	월 일 요일	급식인원	누 계
5월1일(수)	52 명	52 명	16일(목)	55 명	736 명
2일(목)	47 명	99 명	17일(금)	56 명	792 명
3일(금)	49 명	148 명	19일(일)	60 명	852 명
5일(일)	66 명	214 명	20일(월)	51 명	903 명
6일(월)	53 명	267 명	21일(화)	56 명	959 명
7일(화)	50 명	317 명	22일(수)	55 명	1014 명
8일(수)	54 명	371 명	23일(목)	57 명	1071 명
9일(목)	51 명	422 명	24일(금)	52 명	1123 명
10일(금)	54 명	476 명	26일(일)	61 명	1184 명
12일(일)	61 명	537 명	27일(월)	50 명	1234 명
13일(월)	50 명	587 명	28일(화)	49 명	1283 명
14일(화)	46 명	633 명	29일(수)	48 명	1331 명
15일(수)	48 명	681 명	31일(금)	53 명	1384 명
				월　계　：	1,384 명
				총 합 계　：	14,224 명

작성일 ： 2002년　5월　31일

작성자 ： 은명마을 간사 신정옥

은명마을 경로식당 6월 배식 인원 보고서

월 일 요일	급식인원	누 계	월 일 요일	급식인원	누 계
6월2일(일)	60 명	60 명	18일(화)	47 명	706 명
3일(월)	45 명	105 명	19일(수)	50 명	756 명
4일(화)	43 명	148 명	20일(목)	45 명	801 명
5일(수)	41 명	189 명	21일(금)	49 명	850 명
7일(금)	55 명	244 명	23일(일)	60 명	910 명
9일(일)	62 명	306 명	24일(월)	44 명	954 명
10일(월)	50 명	356 명	25일(화)	46 명	1000 명
11일(화)	48 명	404 명	26일(수)	47 명	1047 명
12일(수)	51 명	455 명	27일(목)	45 명	1092 명
13일(목)	46 명	501 명	28일(금)	45 명	1137 명
14일(금)	48 명	549 명			
16일(일)	65 명	614 명			
17일(월)	45 명	659 명			
				월 계 :	1,137 명
				총 합 계 :	15,361 명

작성일 : 2002년 6월 28일

작성자 : 은명마을 간사 신정옥

은명마을 경로식당 7월 배식 인원 보고서

월 일 요일	급식인원	누 계	월 일 요일	급식인원	누 계
7월1일(월)	51 명	51 명	16일(화)	55 명	701 명
2일(화)	47 명	98 명	18일(목)	59 명	760 명
3일(수)	48 명	146 명	19일(금)	58 명	818 명
4일(목)	50 명	196 명	21일(일)	56 명	874 명
5일(금)	51 명	247 명	22일(월)	53 명	927 명
7일(일)	57 명	304 명	23일(화)	49 명	976 명
8일(월)	49 명	353 명	24일(수)	48 명	1024 명
9일(화)	46 명	399 명	25일(목)	45 명	1069 명
10일(수)	47 명	446 명	26일(금)	48 명	1117 명
11일(목)	45 명	491 명	28일(일)	57 명	1174 명
12일(금)	46 명	537 명			
14일(일)	62 명	599 명			
15일(월)	47 명	646 명			
				월 계 :	1,174 명
				총 합 계 :	16,535 명

작성일 : 2002년 7월 31일

작성자 : 은명마을 간사 신정옥

은명마을 경로식당 8월 배식 인원 보고서

월 일 요일	급식인원	누 계	월 일 요일	급식인원	누 계
8월4일(일)	58 명	58 명	20일(화)	44 명	710 명
5일(월)	49 명	107 명	21일(수)	53 명	763 명
6일(화)	47 명	154 명	22일(목)	45 명	808 명
7일(수)	44 명	198 명	23일(금)	50 명	858 명
8일(목)	53 명	251 명	25일(일)	66 명	924 명
9일(금)	51 명	302 명	26일(월)	40 명	964 명
11일(일)	58 명	360 명	27일(화)	41 명	1005 명
12일(월)	49 명	409 명	28일(수)	49 명	1054 명
13일(화)	49 명	458 명	29일(목)	39 명	1093 명
14일(수)	45 명	503 명	30일(금)	55 명	1148 명
16일(금)	49 명	552 명			
18일(일)	61 명	613 명			
19일(월)	53 명	666 명			
			월 계 :		1,148 명
			총 합 계 :		17,683 명

작성일 : 2002년 8월 30일

작성자 : 은명마을 간사 신정옥

은명마을 경로식당 9월 배식 인원 보고서

월 일 요일	급식인원	누 계	월 일 요일	급식인원	누 계
9월1일(일)	60 명	60 명	16일(월)	59 명	786 명
2일(월)	55 명	115 명	17일(화)	60 명	846 명
3일(화)	54 명	169 명	18일(수)	62 명	908 명
4일(수)	56 명	225 명	19일(목)	65 명	973 명
5일(목)	52 명	277 명	23일(월)	59 명	1032 명
6일(금)	54 명	331 명	24일(화)	53 명	1085 명
8일(일)	59 명	390 명	25일(수)	57 명	1142 명
9일(월)	55 명	445 명	26일(목)	55 명	1197 명
10일(화)	51 명	496 명	27일(금)	56 명	1253 명
11일(수)	57 명	553 명	29일(일)	57 명	1310 명
12일(목)	60 명	613 명	30일(월)	61 명	1371 명
13일(금)	56 명	669 명			
15일(일)	58 명	727 명			
			월 계 :		1,371 명
			총 합 계 :		19,054 명

작성일 : 2002년 9월 30일

작성자 : 은명마을 간사 신정옥

은명마을 경로식당 10월 배식 인원 보고서

월 일 요일	급식인원	누 계	월 일 요일	급식인원	누 계
10월1일(화)	61 명	61 명	17일(목)	65 명	851 명
2일(수)	55 명	116 명	18일(금)	61 명	912 명
4일(금)	59 명	175 명	20일(일)	57 명	969 명
6일(일)	63 명	238 명	21일(월)	62 명	1031 명
7일(월)	62 명	300 명	22일(화)	64 명	1095 명
8일(화)	63 명	363 명	23일(수)	66 명	1161 명
9일(수)	65 명	428 명	24일(목)	60 명	1221 명
10일(목)	59 명	487 명	25일(금)	63 명	1284 명
11일(금)	57 명	544 명	27일(일)	58 명	1342 명
13일(일)	55 명	599 명	28일(월)	59 명	1401 명
14일(월)	62 명	661 명	29일(화)	64 명	1465 명
15일(화)	64 명	725 명	30일(수)	57 명	1522 명
16일(수)	61 명	786 명	31일(목)	60 명	1582 명
			월 계	:	1,582 명
			총 합 계	:	20,636 명

작성일 : 2002년 10월 31일

작성자 : 은명마을 간사 신정옥

은명마을 경로식당 11월 배식 인원 보고서

월 일 요일	급식인원	누 계	월 일 요일	급식인원	누 계
11월1일(금)	63 명	63 명	17일(일)	62 명	851 명
3일(일)	56 명	119 명	18일(월)	65 명	912 명
4일(월)	65 명	175 명	19일(화)	60 명	969 명
5일(화)	60 명	238 명	20일(수)	66 명	1031 명
6일(수)	58 명	300 명	21일(목)	64 명	1095 명
7일(목)	56 명	363 명	22일(금)	65 명	1161 명
8일(금)	54 명	428 명	24일(일)	60 명	1221 명
10일(일)	50 명	487 명	25일(월)	67 명	1288 명
11일(월)	64 명	544 명	26일(화)	65 명	1353 명
12일(화)	61 명	599 명	27일(수)	62 명	1415 명
13일(수)	60 명	661 명	28일(목)	59 명	1474 명
14일(목)	65 명	725 명	29일(금)	70 명	1544 명
15일(금)	59 명	786 명			
				월　계　:	1,544 명
				총 합 계　:	22,180 명

작성일 : 2002년　11월　29일

작성자 : 은명마을 간사 신정옥

은명마을 경로식당 12월 배식 인원 보고서

월 일 요일	급식인원	누 계	월 일 요일	급식인원	누 계
12월1일(일)	61 명	61 명	16일(월)	69 명	908 명
2일(월)	60 명	121 명	17일(화)	65 명	973 명
3일(화)	65 명	186 명	18일(수)	66 명	1039 명
4일(수)	64 명	250 명	19일(목)	63 명	1102 명
5일(목)	66 명	316 명	20일(금)	62 명	1164 명
6일(금)	68 명	384 명	22일(일)	65 명	1229 명
8일(일)	63 명	447 명	23일(월)	65 명	1294 명
9일(월)	65 명	512 명	24일(화)	60 명	1354 명
10일(화)	67 명	579 명	25일(수)	58 명	1412 명
11일(수)	61 명	640 명	26일(목)	63 명	1475 명
12일(목)	66 명	706 명	27일(금)	64 명	1539 명
13일(금)	65 명	771 명	29일(일)	60 명	1599 명
15일(일)	68 명	839 명	30일(월)	59 명	1658 명
			31일(화)	63 명	1721 명
				월 계 :	1,721 명
				총 합 계 :	23,901 명

작성일 : 2002년 12월 31일

작성자 : 은명마을 간사 신정옥

은명마을 경로식당 1월 배식 인원 보고서

월 일 요일	급식인원	누 계	월 일 요일	급식인원	누 계
1월2일(목)	65 명	65 명	17일(금)	63 명	883 명
3일(금)	66 명	131 명	19일(일)	63 명	946 명
5일(일)	60 명	191 명	20일(월)	60 명	1006 명
6일(월)	65 명	256 명	21일(화)	64 명	1070 명
7일(화)	62 명	318 명	22일(수)	65 명	1135 명
8일(수)	65 명	383 명	23일(목)	62 명	1197 명
9일(목)	66 명	449 명	24일(금)	65 명	1262 명
10일(금)	61 명	510 명	26일(일)	67 명	1329 명
12일(일)	60 명	570 명	27일(월)	61 명	1390 명
13일(월)	64 명	634 명	28일(화)	68 명	1458 명
14일(화)	65 명	699 명	29일(수)	59 명	1517 명
15일(수)	61 명	760 명	30일(목)	64 명	1581 명
16일(목)	60 명	820 명	31일(금)	60 명	1641 명
				월 계 ：	1,641 명
				총 합 계 ：	25,542명

작성일 : 2003년 1월 31일

작성자 : 은명마을 간사 신정옥

은명마을 경로식당 2월 배식 인원 보고서

월 일 요일	급식인원	누 계	월 일 요일	급식인원	누 계
2월2일(일)	65 명	65 명	17일(월)	59 명	840 명
3일(월)	62 명	127 명	18일(화)	56 명	896 명
4일(화)	57 명	194 명	19일(수)	54 명	950 명
5일(수)	60 명	254 명	20일(목)	55 명	1005 명
6일(목)	60 명	314 명	21일(금)	59 명	1064 명
7일(금)	57 명	371 명	23일(일)	58 명	1122 명
9일(일)	67 명	438 명	24일(월)	60 명	1182 명
10일(월)	55 명	493 명	25일(화)	58 명	1240 명
11일(화)	56 명	549 명	26일(수)	61 명	1301 명
12일(수)	57 명	606 명	27일(목)	55 명	1356 명
13일(목)	58 명	664 명	28일(금)	56 명	1412 명
14일(금)	59 명	723 명			
16일(일)	58 명	781 명			
				월 계 :	1,412 명
				총 합 계 :	26,954 명

작성일 : 2003년 2월 28일

작성자 : 은명마을 간사 신정옥

은명마을 경로식당 3월 배식 인원 보고서

월 일 요일	급식인원	누 계	월 일 요일	급식인원	누 계
3월2일(일)	65 명	65 명	18일(화)	56 명	802 명
4일(화)	58 명	123 명	19일(수)	57 명	859 명
5일(수)	56 명	179 명	20일(목)	55 명	914 명
6일(목)	58 명	237 명	21일(금)	59 명	973 명
7일(금)	59 명	296 명	22일(토)	49 명	1022 명
8일(토)	50 명	346 명	23일(일)	64 명	1086 명
9일(일)	61 명	407 명	25일(화)	56 명	1242 명
11일(화)	57 명	464 명	26일(수)	57 명	1199 명
12일(수)	54 명	518 명	27일(목)	59 명	1258 명
13일(목)	52 명	570 명	28일(금)	58 명	1316 명
14일(금)	60 명	630 명	29일(토)	45 명	1381 명
15일(토)	51 명	681 명	30일(일)	66 명	1447 명
16일(일)	65 명	746 명			
			월 계 :		1,447 명
			총 합 계 :		28,401 명

작성일 : 2003년 3월 30일

작성자 : 은명마을 간사 신정옥

은명마을 가족 여름 잠옷 증정

◆ 70세 이상의 남·녀 노인 42명에게 여름용 고급 잠옷을 증정함.

1. 주필열	22. 곽성학
2. 함월금	23. 김영환
3. 고정금	24. 서정희
4. 정의옥	25. 권차수
5. 최종규	26. 최경덕
6. 송두문	27. 유철호
7. 박용순	28. 임학자
8. 한계환	29. 김안심
9. 천분기	30. 배정남
10. 김임생	31. 박명애
11. 홍재표	32. 전양례
12. 서흥옥	33. 양해임
13. 장소재	34. 임옥식
14. 한업례	35. 김봉선
15. 강연순	36. 이인엽
16. 이인순	37. 김금옥
17. 조명례	38. 조삼례
18. 한수창	39. 김금귀
19. 윤옥순	40. 김금순
20. 김해주	41. 오경녀
21. 이언년	42. 이순덕

◆위와 같이 증정 하였습니다.

작성일 : 2001년 6월 22일
작성자 : 은명마을 간사 신정옥

은명마을 추석 선물 상품비

샴푸, 린스, 바디크린저, 비누, 치약 종합 세트 15,900 원

은명가족   100 세트

경로식당 회원용   70 세트

소　　계   170 세트

금액   15,900원 × 170세트 = 2,703,000 원

위와 같이　기획 보고 드립니다.

작성일 : 2001년   9월   26일

작성자 : 은명마을 간사 신정옥

은명마을 민속촌 경로 관광 경비 정산보고서

1. 관광버스 2대 대여비   600,000 원

2. 충주호 유람선 4,000×85명   340,000 원

3. 온천욕 입장료 5,000×80명   400,000 원

4. 중식 불고기, 음료수 90명   495,000 원

5. 석식 우거지 정식 90명   540,000 원

6. 아침 간식 김밥 100줄   100,000 원

7. 간식비(생수,음료수,사탕,바나나,껌,필름외) 138,540 원

8. 고속도로 통행료   20,000 원

9. 차량 주차비(민속촌)   6,000 원

10. 사진 현상비   30,000 원

합　계   3,154,540 원

현금입금   3,450,000 원

현금잔고   295,460 원

위와 같이 관광경비를 정산 보고 합니다.

작성일 : 2001년 10월 20일

작성자 : 은명마을 간사 신정옥

은명마을 경로관광 경비 보고서

관광버스 대여비 (1일)	380,000 원
충주호 유람선 16,000×47	752,000 원
온천비 5,000×45	225,000 원
식사비 (중식) 11,000×47	495,000 원
간식 2회 × 4,000 원×47	188,000 원
(떡2말, 음료수, 과자 외)	
사진 필름, 현상, 이름표 외	60,000 원
합　계	2,100,000 원

작성일 : 2002년 10월 24일

작성자 : 은명마을 간사 신정옥

은명마을 경로관광 경비 정산서

관광버스 대여비 (2일)	850,000 원
객실료 8인실 × 5개 (40명)	600,000 원
객실료 추가 비용 10,000 × 10명	100,000 원
5식 식사비 35,000 × 50명	1,750,000 원
간식 5회 × 2,000 원	500,000 원
사진 필름, 현상, 이름표 외	50,000 원
약품비 (멀미약, 파스, 소화제)	100,000 원
여행자 보험료	100,000 원

합   계   4,000,000 원

작성일 : 2002년 3월 25일

작성자 : 은명마을 간사 신정옥

은명마을 경로관광 경비 정산서

관광버스 대여비 (1일)	350,000 원
충주호 유람선 16,000 × 47	752,000 원
온천비　　　5,000 × 47	235,000 원
식사비 (중식) 11,000 × 47	517,000 원
간식 2회 × 4,000 원 × 47	188,000 원
사진 필름, 현상, 이름표 외	50,000 원

합　계　　　　　　　　　　　2,092,000 원

작성일 : 2002년　10월　16일

작성자 : 은명마을 간사 신정옥

은명마을 경로관광 경비 정산서

관광버스 대여비 (2일)	850,000 원
객실료 8인실 × 5개 (40명)	600,000 원
객실료 추가 비용 10,000 × 10명	100,000 원
식사비	1,686,000 원
간식 5회 × 2,000 원	376,000 원
사진 필름, 현상, 이름표 외	92,000 원
약품비 (멀미약, 파스, 소화제)	20,000 원
여행자 보험료	92,000 원

합　계	3,788,000 원
현금잔고 :	212,000 원

작성일 : 2002년　4월　19일

작성자 : 은명마을 간사 신정옥

은명마을 경로관광 일정표

날 짜 : 2002년 4월 5일 ― 6일
장 소 : 부곡온천경유 진해 일대

시 간	첫째날 행사일정	둘 째날 일정표	비 고
7:30 집합	은명마을 주차장	조식후 진해 출발 (해 장 국)	
8:00~12:00	부곡하와이 도착	진해 군항제 관람 벚꽃놀이	
12:00~13:00	중 식 (갈비탕)	중 식 (돼지갈비)	
13:00~14:00	숙소배정, 휴식	서울 출발	
14:00~15:40	그랜드쇼 관람		
15:40~17:00	동식물원, 박제전시관, 하와이파크 관람		
17:00~19:00	온 천 욕		
19:00~20:00	석 식 (된장찌개)	서울 도착 및 석식 (왕만두 전골)	
20:00 ~	장기자랑 및 취침	귀 가	

은 명 마 을 (☎ 930-0091, 1409)

경로 관광 신청서

은명마을 · 현대교회에서는 경로 관광을 떠나고자 하오니
아래를 참조하시고 신청하여 주시기 바랍니다.

································· 아   래 ·································

일   시 : 2003년 4월 8일 (화) 오전 8시 은명마을 주차장
장   소 : 충북 제천 벚꽃 놀이 및 왕건 촬영지 외
연 락 처 : ☎ 930-0091, 핸드폰 016-734-8091 , 019-610-0091
　　　　※ 출발시간 4월 8일 (화) 오전 8시에 절대 늦지 않도록 주의 바람.

················· 절   취   선 ·················

신청자 본인 ＿＿＿＿＿＿＿＿(인)

성 명		주민등록번호	－
주 소	서울시 구 동 번지 통 반 아파트 동 호		
전화번호		종 교	

■ 다음란은 접수처에서만 기입합니다. ■

접 수 일	2003년 월 일	접 수 번 호	

현대 · 은명 경로 관광 담당자 귀하

은명마을 경로식당 2월 식단표

일수	날짜	요일	국	반 찬
1	2. 4	화	아욱된장국	감자조림, 햄야채볶음, 김치, 요쿠르트
2	2. 5	수	홍합 무국	계란말이, 조기튀김, 김치
3	2. 6	목	시레기 곰국	두부조림, 콩나물무침, 김치
4	2. 7	금	된장국	하이라이스, 김치, 요쿠르트
5	2. 8	토	어묵 무국	콩나물무침, 계란말이, 김치
6	2. 9	주일	우거지된장국	김볶음, 꽈리멸치볶음, 김치
7	2. 11	화	북어무국	두부조림, 오이무침, 김치
8	2. 12	수	콩나물김치국	어묵조림, 숙주나물, 김치
9	2. 13	목	우거지된장국	고등어자반튀김, 콩나물무침, 김치
10	2. 14	금	오곡밥, 된장국	시레기나물, 취나물, 김구이, 김치
11	2. 15	토	동태 찌게	도라지볶음, 김구이, 김치
12	2. 16	주일	된장국	오이지무침, 김구이, 김치
13	2. 18	화	미역국	두부구이, 시금치나물무침, 김치
14	2. 19	수	된장국	닭도리탕, 콩나물무침, 김치
15	2. 20	목	오뎅무국	코다리 조림, 숙주나물무침, 김치
16	2. 21	금	두부된장국	오징어야채볶음, 도토리묵, 김치
17	2. 22	토	우거지된장국	양배추쌈, 무생채, 김치
18	2. 23	주일	김치콩나물국	꽈리고추멸치볶음, 김구이, 김치
19	2. 25	화	선지해장국	숙주나물, 고추지무침, 김치
20	2. 26	수	순두부찌게	어묵야채볶음, 오이부추무침, 김치
21	2. 27	목	된장국	고등어자반조림, 콩나물무침, 김치
22	2. 28	금	계란국	하이라이스, 김치

(2003. 2 본 식단은 사정에 의해 변경될 수 있습니다.)

은명마을 경로식당 9월 식단표 (2002)

일수	날짜	요일	국	반찬
1	9. 2	월	아욱된장국	감자조림, 햄야채볶음, 김치, 요쿠르트
2	9. 3	화	홍합 무국	계란말이, 조기튀김, 김치
3	9. 4	수	시레기 곰국	두부조림, 콩나물무침, 김치
4	9. 5	목	근대된장국	제육볶음, 장아치무침, 김치
5	9. 6	금	고추장감자국	도토리묵무침, 꽈리멸치볶음, 김치
6	9. 7	주일	계란탕	보리비빔밥, 무생채, 김치, 군만두
7	9. 9	월	콩나물김치국	코다리조림, 김구이, 김치
8	9. 10	화	쇠고기미역국	동그랑땡, 고사리나물, 김치
9	9. 11	수	배추된장국	고등어자반튀김, 도라지나물, 김치
10	9. 12	목	오징어무국	버섯야채볶음, 청포묵무침, 김치
11	9. 13	금	동태 찌게	시금치나물, 돈육장조림, 김치
12	9. 16	주일	시금치된장국	불고기, 상추, 콩나물무침, 과일사라다, 김치
13	9. 17	월	콩나물국	치킨너겟, 멸치볶음, 김치
14	9. 18	화	아욱된장국	고등어조림, 꽈리고추볶음, 김치
15	9. 19	수	북어무국	오징어부침, 오이무침, 김치, 요쿠르트
16	9. 20	목	곤약어묵국	닭도리탕, 숙주나물무침, 김치
17	9. 21	금	쇠고기미역국	삼치무조림, 제육볶음, 무생채, 김치
18	9. 23	주일	쇠고기미역국	감자볶음, 콩나물무침, 김치
19	9. 24	월	어묵곤약무국	오징어야채볶음, 김구이, 김치
20	9. 25	화	동태매운탕	어묵야채볶음, 두부부침, 김치
21	9. 26	수	순두부찌개	계란말이, 조기튀김, 김치, 요쿠르트
22	9. 27	목	시금치된장국	제육볶음, 오이도라지무침, 김치
23	9. 28	금	쇠고기미역국	잡채, 시금치나물, 김치, 생일케익, 음료수
24	9. 30	주일	북어국	꽈리고추볶음, 햄야채볶음, 김치

담임 교역자님께

주 안에서 온 교회와 가정의 평안을 믿습니다.

다름이 아니오라, 저는 한국교회의 미래는 오직 전도 부흥 활동에 최선을 다하는 것이라고 여기고 있습니다. 아울러 귀 교회에 본 지면을 통해 감히 제언하오니 해당되시면 적극 기도와 후원을 바랍니다.

특별 전도부흥회를 원하시는 담임 목회자님께서는,

♣본 연구소가 전액 무료로 제공하는 부흥전단지 4천매에다 담임 목사명, 일시, 장소 및 약도, 교회명 등을 기입하여 배포해 주시기를 바랍니다.

♣평일 외에도 주일, 낮, 저녁, 수요·금요기도회, 각종헌신예배, 간증전도 등의 집회를 가질 수 있습니다.

♣작성된 매 설교 요약안은 귀 교회 자체에서 복사 활용 하셔도 됩니다.

♣이 일에 쓰이는 자체경비를 마련하기 위해 매월 전도헌금 5만원을 6개월동안 보내주시면 됩니다.(30만원) 따라서, 강사 사례비는 없습니다.

♣다음은 강사 연락처와 계좌번호 이오니 참조바랍니다.
 (신한은행) 340-12-197618 (예금주: 진삼웅)
 (연 락 처) 서울 노원구 중계본동 58-64 현대교회 내
  ☎(02)930-0091,1409
 (강사핸드폰) 016-734-8091

그럼, 주안에서 귀 교회의 무궁한 발전을 기도 드립니다. 샬롬♡

2004년 10월

대한예수교 장로회 현 대 교 회 담임목사
세계교회부흥연구소 소　　장　**진 삼 웅** 목회학 박사
세 계 신 학 연 구 원 원　　장

세계신학연구원 목회자 · 제직 · 교사과정 모집

참된 신앙교리에 입각한 교육적 사명과 교회 부흥을 바라는 실력있는 지도자 양성

대상 : 담임교역자의 추천을 받은 교사, 집사, 권사, 장로 및 평신도, 전도사, 목사 등

강사 : 진삼웅 목사(D.Min, Biblical International College and Graduate School)
/목회자 · 평신도과정

강우수 목사(D.Min, 서울 성경신학원 교수) / 목회자 · 평신도과정

◈ 목회자 반 ◈

제1강 : 매주 월요일 오전 10:30~12:00 / 강사 진삼웅 목사

점심식사 12:00~1:00

제2강 : 매주 월요일 오후 1:00~2:30 / 강사 강우수 목사

＊＊ 현재 수시 접수중 (문의: 016-734-8091, 930-0091) ＊＊

◈ 제직 · 평신도반 ◈

교 수	시 간	화	수	목	금
강 우 수	오후 6:00~7:00	기독교 교육사	주교전도학	주교예배학	성경개론
	오후 7:00~8:00	주교 생활지도	교회사	주교 교수법	교회계절학교
진 삼 웅	오후 6:00~7:00	기독교 교육원리	기독교 교육심리학	시청각교육	주교행정학
	오후 7:00~8:00	교회음악학	졸업논문	기초 교리학	기독교 교육과정론

·········· 절 취 선 ··········

세계신학연구원 목회자 · 제직과정 수강신청서

성　　　명		생년월일		전화	
해당학과정		과정	주소		

좋아하는 과목	특기 또는 소질
질병 유무	교사에게

위와 같이 작성 · 제출하오니 허락 바랍니다.

200 　．　　．　　．

신청인 :　　　　　(인)

추천인 :　　　　　(인)

개혁주의 노년전도학

펴낸이 : 진삼웅
펴낸날 : 2004. 12. 10
펴낸곳 : 현대교회
주　소 : 서울시 노원구 중계본동 58-64
전　화 : 02)930-0091, 930-1409
홈페이지 : www.emv.or.kr
편집 · 인쇄 : 도서출판 세줄(☎ 2265-3748~9)

총　판 : 생명의샘 T.02)419-1451, F.419-1452